监狱与服刑

光明行 系列丛书

北京市监狱管理局
北京市戒毒管理局 编著

中国政法大学出版社

2025·北京

图书在版编目（CIP）数据

监狱与服刑 / 北京市监狱管理局, 北京市戒毒管理局编著. -- 北京 : 中国政法大学出版社, 2025. 3. -- ("光明行"系列丛书). -- ISBN 978-7-5764-1987-0

Ⅰ. D926.7

中国国家版本馆 CIP 数据核字第 20257ZU277 号

书　名　监狱与服刑
　　　　JIANYU YU FUXING

出版者　中国政法大学出版社

地　址　北京市海淀区西土城路 25 号

邮　箱　bianjishi07public@163.com

网　址　http://www.cuplpress.com (网络实名：中国政法大学出版社)

电　话　010-58908466(第七编辑部) 010-58908334(邮购部)

承　印　北京中科印刷有限公司

开　本　720mm×960mm　1/16

印　张　15

字　数　210 千字

版　次　2025 年 3 月第 1 版

印　次　2025 年 3 月第 1 次印刷

定　价　62.00 元

第一版编委会

修订版编委会

修订版总序

　　教材是传播知识的主要载体，体现着一个国家、一个民族的价值观念体系。习近平总书记指出："紧紧围绕立德树人根本任务，坚持正确政治方向，弘扬优良传统，推进改革创新，用心打造培根铸魂、启智增慧的精品教材。"监狱作为教育人、改造人的特殊学校，更加需要一套科学系统的精品教材，洗涤罪犯灵魂，将其改造成为守法公民。多年来，首都监狱系统在"惩罚与改造相结合、以改造人为宗旨"的监狱工作方针指导下，始终坚持用心用情做好教育改造罪犯工作，秉持以文化人、以文育人理念，于2012年出版了北京市监狱管理局历史上第一套罪犯教育教材——"光明行"系列丛书，旨在用文化的力量，使人觉醒、催人奋进、助人新生。

　　丛书自问世以来，得到了司法部、北京市委政法委、市司法局等上级机关和领导的充分肯定，获得了范方平、舒乙、洪昭光等知名专家的高度评价，受到了全国监狱系统同行的广泛关注，得到了罪犯的普遍欢迎，成为北京市监狱管理局科学改造罪犯的利器。这套丛书获得了多项荣誉，2012年被国家图书馆和首都图书馆典藏，《道德与践行》被中央政法委、北京市委政法委列为精品书目，《健康与养成》获得了"全国中医药标志性文化作品"优秀奖等。"光明行"系列丛书已经成为北京市监狱管理局罪犯改造体系的重要组成部分，成为北京市监狱管理局的一张名片，为全面提升罪犯改造质量发挥了重要作用。

　　党的十八大以来，以习近平同志为核心的党中央高度重视监狱工作，习近平总书记多次作出重要指示，为监狱工作提供了根本遵循，指明了前进方向。特别是随着中国特色社会主义进入新时代，社会主要矛盾发生根本转变，经济生活发生巨大变化，社会形势发生重大变革，全党确立习近平新时代中国特色社会主义思想，提出了一系列治国理政的新理念、新思想、新战略，取得了举世瞩目的成就。近年来，随着刑事司法领域全面深化改革的逐步推进，国家相关法律和监狱规章发生较大调整，监狱押犯构成发生重大变化，监狱机关面临新形势、新任务、新挑战，需要我们与时俱进，守正创新，在罪犯改造的理论体系、内容载体、方式手段，以及精准化水平等方面实现新的突破，以适应新的改造需要。在这样的背景下，北京市监狱管理局以"十个新突破"为指引，正式启动对"光明行"系列丛书的修订改版，进一步丰富完善罪犯教育教材体系，推动教育改造工作走深、走精、走活、走实。

本次修订对原有的《监狱与服刑》《道德与践行》《法律与自律》《劳动与改造》《心理与心态》《回归与融入》6本必修分册，以及《北京与文明》《信息与生活》《理财与规划》《健康与养成》4本选修分册进行更新完善，同时新编了一本《思想与政治》必修分册，以满足强化罪犯思想政治教育、树立"五个认同"的现实需要，使得丛书内容体系更加科学完善。

新修订的"光明行"系列丛书共计160余万字，展现出以下四大特点：一是反映时代特征。丛书以习近平新时代中国特色社会主义思想为指导，反映十几年来社会发展和时代进步的最新成果，将中央和司法部对监狱工作的新思路、新要求融入其中，特别是坚持同中国具体实际相结合，同中华优秀传统文化相结合，对理论及内容进行更新，充分展现"四个自信"。二是彰显首善标准。丛书总结这十几年来北京市监狱管理局改造工作经验，将"十个新突破"及教育改造精准化建设的最新要求融入其中，体现了市局党组和全局上下的使命担当和积极作为，反映了首都监狱改造工作取得的成绩和经验，展现了首都监狱工作的特色和水平。三是贴近服刑生活。丛书立足监狱工作实际，紧扣服刑、改造、生活、回归等环节，贯穿服刑改造全过程，摆事实、讲道理、明规矩、正言行，既供罪犯阅读，也供民警讲授，对罪犯有所启发，使其有所感悟，帮助罪犯解决思想和实际问题。四是适合罪犯学习。丛书更新了大量具有时代性和典型性的故事和事例，以案析理、图文并茂，文字表述通俗易懂、简单明了，每个篇章新增了阅读提示、思考题以及推荐书目和影视作品，使罪犯愿意读、有兴趣、能读懂、易接受，将思想教育做到潜移默化、润物无声。

本次修订改版从策划编写到出版问世，历时一年，经历了内容调研、提纲拟定、样章起草、正文撰写、插图设计、统稿审议、修改完善和出版印刷等大量艰辛繁忙的工作。丛书修订得到了各级领导的大力支持和悉心指导，参与社会专家达到 21 人，参与编写的监狱民警 80 余人，组织召开各类会议 130 余次，问卷调查涉及罪犯 1800 余人次，投入经费 200 万元。我们还荣幸地邀请到秦宣、章恩友、马志毅、金大鹏、林乾、吴建平、元轶、刘津、许燕、杨光、巫云仙等知名专家担任顾问，加强指导、撰写序言、提升规格、打造精品。希望广大罪犯珍惜成果、加强学习、认真领悟、真诚悔过、自觉改造，早日成为有益于社会的守法公民。

在此，谨向付出艰辛劳动的全体编写人员致以崇高敬意，向支持帮助丛书编写出版的同志们及社会各界人士表示衷心的感谢！由于时间和水平有限，难免存在疏漏和不足之处，欢迎批评指正。

"光明行"系列丛书编委会

2025 年 1 月

分 序

　　在社会的宏大叙事中，监狱往往被简化为高墙电网、铁铐脚镣的象征，服刑则被视为自由剥夺、人生黯淡的代名词。然而，当我们将目光深入那些被社会边缘化的角落，会发现监狱与服刑其实蕴含着更为复杂且深刻的意义。此次修订便是在这样的背景下应时而生，新修订的《监狱与服刑》不仅是一部关于监狱生活的指南，更是一次对人性、社会与法律的深刻探讨。

　　随着时代的发展，社会对犯罪与惩罚的认知也在不断进化。人们逐渐意识到，监狱不仅仅是惩罚的场所，更是教育与改造的阵地。服刑虽然意味着自由的限制，但更是自我反省、人性重塑的契机。在这一理念的指引下，《监狱与服刑》以全新的视角，重新审视了监狱与服刑的内涵，力求为读者呈现一个更为全面、真实的监狱世界。

　　本书延续了第一版的内容与风格，首先从服刑环境入手，详细描绘了监狱的日常管理以及罪犯的生活状态。通过生动的事例，我们得以窥见监狱生活的点点滴滴，感受到罪犯反思悔改的态度和重塑新生的决心。同时，书中也揭示了监狱人民警察这一特殊群体的职业使命与人文关怀，他们既是法律的执行者，也是罪犯心灵的引路人。

　　对于罪犯而言，只有真正接受并面对自己的过去，才能在未来找到重生的希望。本书通过一系列心理调适的方式方法，生动的案例和故事，帮助罪犯做到真诚认罪悔罪，正确看待服刑生活，从而在困境中找到新生的力量，正视现实，活在当下，积极改造，走向新生。

此外，本书还深入探讨了监狱政策与法律法规的最新变化。随着社会的不断进步和法治的日益完善，监狱管理也呈现出更加人性化、科学化的趋势。书中详细解读了减刑、假释等政策的最新规定，以及相关制度的发展动态，为罪犯提供了更为清晰、准确的法律指引。

值得一提的是，这次修订，在事例、法规制度以及语言表述等方面进行了重要更新。编者们精心筛选了近年来国内外监狱系统中发生的真实、具有时代性的案例，以更加贴近当代社会背景，反映监狱管理与服刑改造的最新趋势。同时，本书还注重文化层次的适应性，对一些专业术语和古文进行了通俗化的解释，使得不同文化背景的读者都能轻松阅读。

在新时代的背景下，《监狱与服刑》不仅是一部关于监狱与服刑的实用指南，更是一次关于人性觉醒与生命重生的深刻启示。它告诉罪犯，无论身处何种境地，只要保持一颗积极向上的心，勇于面对现实，踏实地走好每一步，就一定能在困境中找到属于自己的光明之路。在此，也衷心希望，《监狱与服刑》能够成为罪犯改造之路上的灯塔，照亮他们前行的道路，引领他们走向涅槃重生。

中央司法警官学院党委副书记、院长、教授　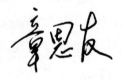

2024 年 12 月

目 录

第一篇
环境初识

　　监狱是法治文明的窗口，监狱的历史反映着文明的变迁。监狱人民警察是特殊园丁，他们既有雷霆手段，又有博爱温情，像父母、医生和老师那样管理教育着罪犯。罪犯是一类特殊的社会公民，服刑改造是一次新生之旅。

【阅读提示】

1. 了解监狱的发展演变过程。
2. 了解监狱人民警察和罪犯两个群体。
3. 如何认识和接纳自己，并适应服刑生活。

第一节　监狱：一个法治文明的窗口

监狱是监禁罪犯的场所，这是一般意义上的理解。实际上，正如许多机构或者场所一样，监狱也有多重形象。在人们的印象中，过去的监狱就像地狱一样，暗无天日，充满血腥和暴力。它总容易让人联想到失去自由、剥夺、惩罚、暴力等词汇。然而，新中国的监狱与以往的监狱是不同的。1960 年，毛泽东在会见美国记者斯诺时说过这样一句话："我们的监狱不是过去的监狱，我们的监狱其实是学校，也是工厂，或者是农场。"中国是这样说的，也是这样做的。如今，只要你走进中国的任何一所监狱，就会发现监狱其实也是充满阳光的地方。只要罪犯真心悔过，洗心革面，监狱就会成为其"新生之地"。20 世纪 80 年代之前，我国监狱成功改造了清朝末代皇帝溥仪、日本战犯、国民党战犯、大批反革命犯和普通刑事犯；进入改革开放的新时期，又有众多的罪犯从这里走向新生。刑满释放之后，他们有的成为厂长、经理，有的成为个体工商户，有的成为大学生、研究生……美国首席大法官伯格在参观了中国监狱之后感慨地说："几乎所有欧洲国家的法庭和监狱我都参观过，中国改造犯人的制度是最好的制度，最富有人道主义。"提到监狱，法国人义佐的一句话经常被引用："欲知其国文明之程度，须视其国监狱制度之良窳（yǔ，良窳：好坏）。"[1]这句话的意思是，要衡量一个国家的文明程度，必须看看这个国家监狱制度的好坏。说得再简单点，监狱是展现一个国家法治文明的窗口，这种观念已经被世界多数国家接受。

在开始介绍监狱这个特殊的场所之前，让我们先来看一则《北京日报》的新闻报道：

　　　酒瘾成性危险驾驶的罪犯在狱中成功脱瘾，家属送来锦旗感谢监狱

---

　〔1〕　张晶：《走向启蒙：基于监狱：矫正的视角》，法律出版社 2008 年版，第 163 页。

救赎；目不识丁的农民在狱中画下长卷，记录国家迈入新时代的非凡成绩……2023 年 11 月 16 日，在北京市监狱管理局举办的教育改造成果展上，一面面大红的锦旗，一幅幅洗心革面的创作，展示着首都监狱系统聚焦罪犯改造取得的丰硕成果。

在教育改造成果展现场，展板上悬挂的一面面锦旗格外引人注目。在一幅写有"敬业正直为民解忧，教育感化尊重人格"的锦旗前，民警介绍起它背后的故事。

罪犯高某重度酒精成瘾，因危险驾驶罪入狱。想到酒瘾让高某成了罪犯，高某的母亲懊丧不已，只好向监狱写求助信，希望监狱能改造他。针对高某的特点，监狱立即组建矫治团体，以戒除酒瘾、调整身心、修复家庭关系为目标，开展十二步戒酒法。从承认酒精成瘾开始，到学会拒绝劝酒，再到最后理性饮酒，经过四个月的矫治，高某成功戒酒，向母亲表达了深深的悔意。高某的变化让母亲惊喜不已，为表示对监狱改造救赎高某的感谢，她于 2023 年 3 月特地向监狱赠送了这面锦旗。

成果展上还展出了书画、皂雕、葫芦烫画等众多罪犯自己创作的文化作品。其中一幅书画长卷，用细腻的笔触描绘了国产大飞机、航天圆梦、冬奥盛事等我国取得的一个个非凡成绩，礼赞了伟大的新时代。让人难以想象的是，这幅长卷的作者在入狱前还是个目不识丁的农民。在社会帮教人士的指导下，他通过不断学习，实现了自我蜕变。

一面面锦旗、一幅幅作品的背后凝聚的是北京市监狱管理局聚焦罪犯改造的不懈努力。

为了强化科学改造，近年来，北京市监狱管理局不断加强改造技术的研发应用。针对不同类型、不同恶习的罪犯推出针对性改造指南；先后开展个体心理咨询 900 余人次，团体咨询 3700 余人次，有效促进了罪犯的心理健康。同时，积极研发并推广"愤怒控制""积极行为养成"等 36 个改造项目，累计开展改造项目 1600 余期，参与罪犯达 2 万余人次。通过兴趣小组、特色文化教育等多种方式，激发罪犯的改造积极性，以文化人。

为深化社会帮教，实现开门办教育，2019 年以来，北京市监狱管理局累计向首都精神文明办、首都图书馆、西城区文化馆等 35 家单位颁发"爱心帮教团队"证书，聘请"法官妈妈"尚秀云等 29 位志愿人士为"爱心帮教大使"。目前，全局已建立 150 人的社会志愿者队伍，

△ 北京市监狱管理局的工作得到社会各界和罪犯家属的高度认可

涵盖教育、心理、法律、文艺等领域。

北京市监狱管理局的改造罪犯工作得到了社会各界和罪犯家属的高度认可。2020 年以来，327 名罪犯家属通过感谢信、锦旗和 12345 热线等载体，感谢监狱民警的教育挽救。

这则新闻，展现在大家眼前的才是当前的真实监狱，相信很多人不会想到，新时代文明监狱的新面貌如此亮眼。然而，"劳改犯""劳改释放人员"等这些早已退出历史舞台的称呼，至今仍然出现在某些媒体的报道上。为此，就让我们一道揭开监狱神秘的面纱，追溯监狱的起源和发展，了解现实中的真实监狱。

一、中国监狱的发展历程

古代和现代对监狱含义的理解有一定的差异。严格意义上说，监狱主要是指关押"已决犯"的刑罚执行机构，但是在日常生活当中，人们也把那些依靠国家的力量来约束、限制人身自由的关押场所统称为监狱。例如，古代充军、发配、流放的犯人临时羁押的场所或者服劳役的场所，死刑犯等候处决的场所，疑犯、未决犯的看管场所，诉讼当事人以及干

连佐证的管收处所，各种违法分子的拘留处所，甚至皇室贵族的软禁之地，地主、土豪、军阀等私设的牢房等，[1]都被大家视为监狱，可以说这是对监狱广义的理解。如果采取后面这种宽泛的理解，对于监狱的产生我们可以追溯到原始社会末期。早期的原始社会没有私有制，没有阶级，也没有国家和监狱。到了原始社会末期，随着生产力的发展，私有财产开始出现，阶级对立逐渐显现，"犯罪"和"刑罚"的概念开始出现，监狱产生的条件也随之成熟。

根据古代典籍的记载，我国历史上"三王始有狱"。也就是说，中国的监狱出现在夏禹、商汤和周文王这"三王"时期。而夏、商、周正是中国的奴隶制开始的时期，国家的出现也使国家的"物质附属物"——监狱登上了历史舞台。监狱到底是哪一天开始出现的，这一点已经很难考证。但很多史书上都有"皋陶造狱"的记载，可以视为我国古代监狱的起源。

【知识链接】

皋陶造狱

△ 砖雕上的獬豸形象

皋陶（gāo yáo），又称咎繇，相传是古代东夷族的首领之一。因为他住在曲阜偃地，所以被赐为偃姓。相传皋陶在禹舜时期被任命为司法长官，当时称为"士"，也有学者认为就是《周礼》中的"司寇"。

皋陶善于处理狱讼案件，遇到有疑问的案件就命令自己饲养的神兽獬

---

[1] 薛梅卿主编：《中国监狱史》，群众出版社1986年版，第1页。

豸（xiè zhì，一种象征公平和司法正义的神兽）出来裁决。獬豸会用它的角去顶理亏的一方，是非善恶由此辨明。獬豸俗称独角兽，后来成为法律和正义的象征。

相传皋陶在掌管司法时，"画地为牢"，成为最初监管犯罪之人的囚禁场所，这也被称为监狱的起源。从此，"皋陶造狱，画地为牢"正式流传下来。关于皋陶掌管刑法、发明建造监狱的传说，在古籍中记载颇丰，历史上也多将其视为监狱的首创者。西汉以后，人们更是尊皋陶为狱神，受到全国上下众多监狱的敬奉。在我国古代的监狱中，常挂有皋陶的画像，不仅狱吏、狱卒对其顶礼膜拜，就连犯人也像拜神一样敬仰他。

古书上有关早期监狱的记载，除"皋陶造狱"之外，还有"丛棘"、"夏台"、"圜土"（huán，中国奴隶社会夏、商、周三代监狱的通称）、"羑里"等多种说法，这些说法均出现在我国奴隶制国家形成的早期。古书上除了讲"三代始有狱"，还记录了"三代"监狱的名称：夏朝称为夏台，商朝叫

△ 山西洪洞县监狱死囚牢门顶的狴犴形象

作羑里，周朝称为囹圄。这说明监狱是随着私有制、阶级、国家的出现而出现的，是作为国家的统治工具之一而存在的。从诞生之日起，监狱除了惩罚犯罪者外，还体现着维护公平、正义的法律精神。这一点，除了上文提到的獬豸，另一种与监狱有关的神兽——狴犴（bì àn）也值得一提。有的书上说狴犴是"胡地野犬"，有的说它是龙的第四子，但是没有长成龙的样子。它的外形倒是很像虎，显得很有威力。和獬豸类

似，狴犴也是生性喜好公正，急公好义，仗义执言，能明辨是非，秉公而断。因此，古代一些监狱的门上就装饰上了狴犴的形象。保存至今的山西洪洞县监狱在死囚牢门顶上就绘有狴犴的形象。把獬豸、狴犴这类神兽和监狱联系在一起，寄托了人们希望通过监狱实现公平、正义的期待。

中国监狱自奴隶制时代出现以来，中间经过封建时代、半殖民地半封建时代直至今日，几千年的发展形成了丰富多彩的监狱管理思想、监狱文化和监狱制度。但是，古时候的监狱并不是执行刑罚的主要场所，因为当时对犯罪的刑罚并不以剥夺人的自由为主，反倒是膑足、枭首、腰斩、宫刑、凌迟乃至"剥皮实草"等残忍的刑罚方式留给人们的记忆更为深刻。因此，这里有必要对监狱之外的刑罚发展也作一点介绍。

残忍地惩罚犯罪者，在过去被认为是预防犯罪的有效手段。行刑越残忍，似乎越有威慑力，观看行刑的人们也就越不敢轻易"以身试法"。"杀一儆百""乱世用重典"等说法，不仅中国有，外国也有。法国思想家福柯在《规训与惩罚》一书的开篇就描写了血腥的刑罚场面。

接下来，福柯又展现了 80 年之后"巴黎少年犯监管所"的规章（实际上是作息时间表）。公开的杀戮"表演"比监狱对自由的剥夺更为残忍，更加不人道。反过来看，监狱体现了文明和进步。纵观世界刑罚的发展历程，大致可以划分成以下四个阶段：[1]

第一个阶段：复仇时代。奴隶制时期的刑罚带有浓厚的复仇色彩，"以牙还牙""以眼还眼"式的同态报复是这一阶段的特点，这源于原始复仇的习惯。

第二个阶段：威吓时代。封建制时期的刑罚以严酷为主要特征，威吓主义取代复仇成为主导。滥用死刑、广施体刑、轻罪重罚、株连无辜、法外用刑是这一阶段的刑罚表现。

第三个阶段：博爱时代。在自由资本主义时期，刑罚进入了博爱时

---

〔1〕 这四个阶段的划分参见邱兴隆、许章润：《刑罚学》，中国政法大学出版社 1999 年版，第 15~25 页。

代。这一阶段的特点有三个，即刑罚法定、刑罚等价和刑罚人道。

第四个阶段：科学时代。19 世纪末 20 世纪初，刑罚制度发生了根本性的变革，刑罚进入了有目的性的科学时代。其科学性表现在两个方面：一是刑罚个别化，即对不同类型的犯罪人采用不同的刑罚方法；二是注重对犯罪人的教育改造。

中国的刑罚发展史印证了上面所说的四个发展阶段。在奴隶制社会，刑罚主要是肉刑，即施加于罪犯或犯罪者的肉体的惩罚，也就是奴隶社会的"五刑"，包括墨、劓、剕、宫、大辟，这些刑罚都以摧残犯罪者的肢体、造成身心痛苦为目的。这类刑罚都可以在很短的时间内执行完毕，不涉及对罪犯人身自由的限制或者剥夺。因此，当时的监狱并不以执行刑罚为目的，而是以关押未决犯，也就是尚未判刑的"犯罪嫌疑人"为主，其功能大致相当于现在的看守所。

进入封建时代，笞（chī）、杖、徒、流、死这五种新的刑罚逐步取代了奴隶制时代的"五刑"。笞刑，是用荆条责打犯人的臀部或腿部，用于惩罚轻微或过失的犯罪行为。杖刑，是用"常行杖"击打犯人的臀、腿或背，稍重于笞刑。徒刑，是指在一定时期内剥夺犯人的人身自由并强迫其戴着钳或枷服劳役，犯人从事的是一种兼具羞辱性和奴役性的惩罚劳动。流刑，是将犯人遣送到指定的边远地区，强制其戴枷服劳役，且不准擅自返回原籍。徒刑和流刑在一定程度上都具有剥夺人身自由的因素，而要剥夺人身自由就需要监狱作为场所保障。因此，随着徒刑和流刑的广泛适用，监狱作为监禁和管理罪犯的独立国家机构逐步得到了完善。

在封建制"五刑"中，笞刑和杖刑仍属于身体刑，以损伤人的身体，使人产生痛苦为目的，但是比起彻底毁损肢体的奴隶时代的肉刑要轻缓多了。总的来看，封建制"五刑"比起奴隶制的"五刑"显得更加人道。

说到肉刑的逐步废除，这里有必要说说"缇萦（tí yíng）救父"的故事。据说西汉文帝时期，齐国一个叫淳于意的人被人告发犯了罪，要被押解去长安受刑。淳于意家里没有儿子，有五个女儿都跟着囚车哭泣。淳于意很生气地说："不生儿子，危急时刻就没有可以帮忙的人！"他的小女儿缇萦很感伤，就一直跟着到了长安。缇萦上书皇帝说："我

父亲平时一向廉洁公平，但现在犯了法要处以砍脚的刑罚。我伤心人死不能复生，肢体残废也不可复原，以后即使想改过自新也不可能。我愿意自己投身官府做奴婢，替代父亲的刑罚。"汉文帝向来倡导"以孝治天下"，看过缇萦的上书之后，对缇萦的一片孝心大为感动，同时也深切感受到肉刑的确过于残酷，而且不利于保存人的劳动力，于是废除了墨、劓、刖等从奴隶社会一直保留下来残害人肢体的肉刑。当然，这个故事和中国历史上的许多故事一样，都是朝廷的史官为了颂扬帝王的"圣功"而有意留下的。真实的刑罚发展轨迹并不是直线式的，而是波浪式的，封建统治者往往会根据社会的管理需要加重或者减轻刑罚。比如，在距汉文帝废除肉刑一千多年之后的明代，法律除规定笞、杖、徒、流、死五种刑罚外，还规定了凌迟、黥刺（qíng，一种古代的刑罚，用墨汁在罪犯脸上或身体上刺字或图案）、挑膝盖等酷刑，并经常使用连坐诛族之刑，株连三族、九族。

　　尽管古代的刑罚方式多种多样，监狱仍然在其中扮演着重要的角色。自夏、商、周三代监狱正式出现以来，经过了几千年的发展，监狱名称得到了统一，监狱系统逐步形成和完善，监狱管理制度也逐步完备，形成了丰富的监狱文化。在我国历史上，商、周、秦几代的监狱多称"囹圄"，汉代则改称"狱"，并且"狱"这个名称一直沿用到唐宋时期。把"狱"称为"监"是从明代开始的，在法律文献中正式称"狱"为"监"，是我国古代监狱名称的一次重大变革。而把"监"和

"狱"连起来合称"监狱"则始自清代。从那时起，监狱便成为一个专有名词，一直沿用至今。

从监狱的设置上看，秦代之前监狱还没有形成系统。秦统一六国之后，监狱体系开始从中央到地方呈现出系统化的特点。封建时代的监狱系统，一般分为中央监狱、地方监狱和非常设监狱三个系统。中央监狱主要是中央司法机关附设的监狱，如大理寺狱、刑部狱、御史台狱（明代把御史台改为都察院，御史台狱称为都察院监）。地方监狱主要是历朝地方行政机构所设的监狱，其监狱的名称因行政管理级别设置不同而有所变动，秦、汉时代是在郡、县两级设监狱，唐代为州（府）、县建制，元代则按路、府、州、县建狱。非常设监狱是法律规定之外特设的监狱，其中大家比较熟悉的就是明代的东厂、西厂和锦衣卫的"厂卫狱"。中国古代还建立了一套行之有效的监狱管理制度，其中，系囚、役囚、悯囚、录囚等比较有特色，在羁押、看守、劳役、保障囚犯待遇、复核案情、监督狱情方面发挥了重要的作用。

古代监狱的形象经常出现在文学作品中。在《水浒传》中，"豹子头"林冲被发配沧州、"行者"武松被发配孟州这些章节都有对牢城的管理、运行以及狱官所作所为的相关描写。牢城是我国历史上较为典型的监狱，也是我国罪犯被判刑后进行劳役的定点场所。在牢城中，犯人白天服劳役，晚上被监禁。在《窦娥冤》《玉堂春》等传统戏曲中，也涉及了监狱的一些情况。由于文学作品和戏曲中含有大量的艺术加工成分，不能将其中的描写等同于历史上的真实监狱状况。

只要有犯罪，就会有对犯罪的惩罚；只要有惩罚，就要有监狱这种执行机构。现在虽然出现了社区矫正这种非监禁的刑罚执行方式，但是监狱在现代社会仍然是不可取代的。

监狱制度是随着法制的发展而发展的，为了尊重历史，我们在介绍历史上的监狱时作了宽泛意义的理解。但是为了避免误解，对于现实中的监狱，有必要作一个限制性的解释。按照《监狱法》[1]的规定，"被判处死刑缓期二年执行、无期徒刑、有期徒刑的罪犯，在监狱内执行刑罚"。本书接下来要说的监狱就是《监狱法》中所说的监狱，也就是专门对判处死刑缓期二年执行、无期徒刑、有期徒刑的罪犯实施刑罚的执行机关。对于被判处管制、拘役的罪犯，并不在监狱中执行。并且，尚未被法院判决的犯罪嫌疑人，也不在监狱中关押。所以，现实中的监狱与这几类人员是没有关联的。

绝大多数人对现实中监狱的印象可能来自文学作品或者影视剧，而文学和影视作品在描写监狱的时候往往突出的是其中最典型的外部特征——高墙、铁门、电网、持枪的武警。这些特征，现实中的监狱的确有，但是高墙、铁门、电网、持枪的武警这些"符号"仅表现了监狱威严的一面、惩罚的一面，却没有表现出监狱温情的一面，改造人、挽救人的一面。我国的监狱不是过去的监狱，我国的监狱也不是国外的监狱，我国的监狱是具有中国特色的社会主义现代化新型文明监狱。

作为具有中国特色的社会主义现代化新型文明监狱，我国的监狱在理念上、工作方针上、行刑方式上都有其独到之处，只有了解这些独到之处才能正确地认识我国的监狱。

根据《监狱法》的规定，监狱是国家的刑罚执行机关。也就是说，监狱的基本职能是依法执行刑罚，惩罚和改造罪犯，预防和减少犯罪。因此，监狱首先是惩罚罪犯的地方，这是毫无疑问的。正如大家看到的，监狱是一个由高墙、电网围起来的特殊区域，是限制和剥夺人身自由的地方。监狱对罪犯的惩罚主要体现在剥夺人身自由这一点上，所以法院判决剥夺自由的刑罚主要在监狱中执行。但是正如上面提到的，监狱只关押死刑缓期二年执行、无期徒刑、有期徒刑的罪犯。拘役虽然也是剥夺自由的刑罚，但是由于其刑期较短（1~6个月），所以规定在看

---

[1] 本书中所引用的中国法律法规，为行文方便，省略"中华人民共和国"字样。

守所执行。有些罪犯虽然被判处有期徒刑，但是在被交付执行刑罚前，剩余刑期已经在3个月以下，这类罪犯也由看守所代为执行。

早期的监狱是把各种罪犯混合关押在一起的，这样的关押造成了管理上的诸多混乱，出现了很多弊端。随着时代的进步，区分不同类型的罪犯，进行分类关押、分类管理成为世界的潮流。监狱中的罪犯有各种类型，从性别上看有男有女，从年龄上来看有老有少，从刑期上看有长有短，从主观恶意性上看有轻有重。由于性别、年龄、阅历、刑期和主观恶意性不同，罪犯的表现也不一样。这样一来，就有必要针对罪犯的不同特点，采取不同的管理模式。只有针对罪犯的具体问题采取具体的应对方式和手段，才能达到良好的改造效果。在实际工作中，我们根据不同罪犯的特点设置了不同类型的监狱，在同一所监狱中又划分出不同的监区。这样做是为了通过分类管理、分类矫治，提高改造质量，使罪犯早日顺利回归社会。

二、监狱的职能作用

我国监狱工作的方针经历了四次变化。第一次提出监狱工作方针是1951年，当年5月，第三次全国公安会议决议提出，"为了改造这些犯人，为了解决监狱的困难，为了不让判处徒刑的犯人坐吃闲饭，必须根据惩办与宽大相结合的原则，并适应全国各项建设的需要，着手制订通盘计划，组织劳动改造工作"，这就是所谓的"三个为了"的方针。1954年颁布的《劳动改造条例》第4条规定，"劳动改造机关对于一切反革命犯和其他刑事犯，所施行的劳动改造，应当贯彻惩罚管制与思想改造相结合，劳动生产与政治教育相结合的方针"。这是后来人们经常说的"两个结合"的方针。1964年8月，党中央在批转公安部《关于第六次全国劳改工作会议情况的报告》中明确指出，"要做好这项工作，必须坚决执行中央的既定方针，即改造与生产相结合，改造第一，生产第二的方针"。这就是"改造第一，生产第二"的方针。

1995 年 2 月 8 日，《国务院关于进一步加强监狱管理和劳动教养工作的通知》中明确指出，"监狱是国家的刑罚执行机关，要坚持惩罚与改造相结合、以改造人为宗旨的方针"。监狱工作方针的表述方式虽然几经变化，但是其精神实质没有改变，"改造人"始终是根本宗旨。

△ 北京市某监狱罪犯在参加体育活动

从监狱工作的方针可以看出，我国监狱有两个重要职能——惩罚和改造，其中惩罚只是前提，改造才是宗旨。关押罪犯、惩罚罪犯是古今中外监狱的共同职能，然而我国监狱把"改造人"作为监狱工作的出发点和归宿，这是监狱工作中国特色的突出表现。因此，如果把监狱仅看成"关"人的地方，那就是对中国监狱的片面理解。

"惩罚与改造相结合、以改造人为宗旨"的方针展现了中国监狱工作的高远立意。许多国家的监狱工作仅是作为刑罚执行机关存在的，他们的监狱工作都是法律范畴的事情。然而，我国监狱的不同之处是把监狱工作提升到改造人、改造社会的伟大历史使命的高度来认识和对待。监狱工作如此重要，因此以毛泽东为首的老一辈革命家对新监狱工作极为关注。毛泽东曾经提出"人是可以改造的""我们的监狱其实是学校"等伟大论断，为新中国监狱发展指明了方向。1963 年，毛泽东在接见阿尔巴尼亚总检察长的谈话中指出："我们相信人是可以改造过来的，在一定的条件下，在无产阶级专政的条件下，一般来说是可以把人改造过来的。问题是方针和政策。采取教育的政策，还是采取丢了不要的政策；采取帮助他们的方法，还是采取镇压他们的方法。采取镇压、压迫的方法，他们宁可死。你如果采取帮助他们的方法，慢慢来，不性急，一年、两年、十年、八年，绝大多数的人是可以进步的。"

　　老一辈革命家始终对罪犯怀着期待和希望，认为包括罪犯在内的所有人都是可以通过改造而有所进步的。毛泽东改造罪犯的思想为我国监狱工作的方针定下了基调，所以新中国监狱工作方针尽管几经变迁，各个时期侧重点也有所不同，但都围绕着把罪犯改造成为新人或守法公民的基本目标而展开，罪犯的改造始终是我国监狱行刑的主题。

　　"惩罚和改造相结合"也是我国《监狱法》的明确要求。《监狱法》第3条规定："监狱对罪犯实行惩罚和改造相结合、教育和劳动相结合的原则，将罪犯改造成为守法公民。"可见，剥夺罪犯的人身自由只是实现惩罚功能的手段，在惩罚的同时，加强对罪犯的改造，通过教育和劳动相结合，将罪犯改造成为守法公民才是最终目标。

　　监狱既要关住人，又要把人改造好。既要体现惩罚的一面，不能姑息犯罪；又要体现改造的一面，不能把犯了罪的人丢掉不管。这是对监狱工作提出的严峻挑战。令人欣慰的是，新中国几代监狱工作者不但勇敢地接受了挑战，还取得了令人满意的成绩，创造了"人间奇迹"。中国监狱不但改造了大批战犯、反革命犯，还把大批普通刑事犯改造成守法公民，把监狱工作方针落到了实处。

　　对于罪犯来说，正确、全面地理解"惩罚与改造相结合，以改造人为宗旨"的方针，才能更好地指导自己的服刑生活。这个方针说起来非常简单，但是其中蕴含了丰富的内容，主要包括三个方面：

　　一是"惩罚"。惩罚是监狱依据人民法院生效的刑事判决，依法剥夺罪犯人身自由、限制一定的权益，从而使罪犯遭受一定的痛苦和损失。惩罚，简单点说，是一种"向后看"的行为，即对于罪犯已经实施的犯罪行为进行惩治。既然你已经犯了罪，那么就应该承担相应的法律后果，接受应有的惩罚，这样才能体现公平、正义。通过惩罚，使罪犯认识到法律的严肃性，不敢再犯，同时也警示社会上的不法之徒，使之不敢以身试法。

　　二是"改造"。惩罚是必要的，但惩罚不是目的。人活着也不能总"向后看"，更重要的是"向前看"。已经犯下的错误是过去式了，是

"昨日非"，惩罚改变不了既成事实。因此，在惩罚的前提下，监狱工作重在使罪犯"幡然悔悟"，着眼"向前看"，积极接受教育改造。向过去的日子说再见，努力把罪犯改造成为自食其力、有益于社会的守法公民，这才是监狱工作方针的侧重点，也是社会和家人对罪犯的期待。

三是"以改造人为宗旨"。监狱刑罚执行不是单纯地对罪犯实施惩罚，监狱管理也不是单纯地对罪犯进行"管束"，监狱教育也不仅是让罪犯学习文化知识，监狱劳动也不是单纯地组织罪犯生产。这一切都要围绕着"改造人"而展开，所有工作最终都指向罪犯自身的转变，都是为了把罪犯改造成守法公民而服务的。知道了监狱工作的宗旨，罪犯就没有必要再对监狱心存戒备，也不必背上无形的包袱。罪犯需要做的就是配合监狱人民警察的管理和教育，放下包袱，轻装上阵，怀着对明天的憧憬，积极面对服刑生活。

三、罪犯从这里开启新生篇章

罪犯来到监狱，将面临怎样的服刑生活？怎样才能改过自新，重新回归社会？或长或短的服刑期间，将通过怎样的方式进行改造？这些问题每一个罪犯都想知道答案。这些问题看似简单，其实涉及监狱改造的手段和措施。改造，不是一句口号，它是贯穿服刑生活的一条主线。偏离了它，监狱工作做不好，服刑生活也会误入歧途。关于改造，我国《监狱法》进行了原则性的规定，明确了罪犯在监狱服刑过程中，必须服从管理、接受教育、参加劳动。这些活动构成了服刑生活的日常，这也是罪犯走向新生的必由之路。

首先，罪犯要服从管理。要告别过去，追求新生，改掉自身的不良习气，服从管理是基础。如果罪犯不服从管理，必然造成管理混乱、监管秩序不稳定、狱内事故频发。在这样的环境里，罪犯也不可能很好地生活、学习和劳动，改过自新更是一句空话。只有服从管理，才可能形成安全稳定的监管秩序，罪犯才能安心服刑。服从管理就是要严格按照监规纪律和罪犯行为规范生活、学习、劳动。服从管理无疑是对罪犯的约束，但没有约束又怎么可能有进步呢？实践证明，服从管理对罪犯自身的成长发挥着不可替代的积极作用。几年如一日的有规律生活，习惯成自然，就能改掉诸如生活散漫、好吃懒做、无所事事、自由放纵、举止粗鲁、言语粗俗、行为冲动等不良习气，为将来回归社会打下良好的基础。

其次，罪犯要接受教育。接受教育是服刑生活的重要内容。为了使自己早日转变为有益于社会的人，罪犯必须接受思想教育、文化知识教育、职业技术教育，提高自己的思想道德修养和文化知识水平，增强就业竞争力。思想教育的主要内容是法制和道德教育，通过教育使罪犯树立守法意识，增强对法律的敬畏感，同时引导罪犯反省自己的行为，剖析犯罪原因，促使其认罪悔罪。为此，监狱组织的文化知识教育主要以扫盲和普及初中教育为主。对于文化水平较高的罪犯，监狱鼓励他们参加社会上的函授教育、高等教育自学考试等。实践中，多数罪犯积极参加文化知识学习，提升了自己的文化素质，许多罪犯在监狱里脱盲，有些罪犯还在监狱中圆了"大学梦"。为了使罪犯更好地回归社会生活，成为自食其力的公民，监狱还着力开展职业技术教育。罪犯可以根据劳动岗位、刑期长短、原有技术水平和刑满就业需求等情况，选择参加岗位培训和一些实用性强、周期短的职业技术培训（如家电维修、计算机操作、烹饪、木工、电工等），掌握必要的谋生手段，为开始新的生活创造条件。在监狱通过技能学科考试还可以获得相关部门发放的职业资格证书，为将来就业增加砝码。

最后，罪犯要参加劳动。我们常说："劳动者是

△ 罪犯参加劳动

最美的人。"《监狱法》规定，有劳动能力的罪犯必须参加劳动。劳动是罪犯在服刑期间必不可少的一项改造任务。同时，好逸恶劳是不少罪犯的犯罪诱因，所以有必要培养罪犯热爱劳动的观念、良好的劳动习惯并掌握必备的劳动技能。通过劳动，可以使罪犯了解财富来之不易，树立"不劳动者不得食"的观念，也可以改变一些人好逸恶劳、贪图享受的作风。同时，通过适宜的劳动，可以增强罪犯的体质，避免单纯监禁引发的意志消沉、精神颓废等问题。实践证明，参加适宜的劳动，有助于罪犯保持健康向上的心态，有助于改造目标的实现。

管理、教育和劳动，既是服刑生活的主要内容，也是监狱改造罪犯的三大手段。改造工作贯穿于服刑生活的始终，监狱的服刑生活本身就是一种改造。正是通过这种融入服刑生活中的改造，我国监狱向社会输送了一批批守法公民。

思考题

1. 监狱的职能作用有哪些？
2. 如何理解从监狱开启新的人生？

第二节　监狱人民警察：一位特殊园丁

如果说监狱是罪犯生活的自然环境，那么由监狱人民警察和罪犯构成的"小社会"则是每名监狱罪犯所处的社会环境。在监狱这个特殊的环境里，除了罪犯之间的互相接触，罪犯每天沟通最多的人就是监狱人民警察。那么，现实中的监狱人民警察到底是一种什么形象呢？监狱人民警察和公安机关的警察有什么不同呢？这就是我们下面要介绍的内容。

一、监狱人民警察是监狱管理的执法者

普通人熟知的警察一般是派出所的公安民警，就像儿歌里唱的："我在马路边，捡到一分钱，把它交到警察叔叔手里边。"如果你问小朋友，"警察是干什么的?"他一定回答你，"抓坏人"。可见，"公安"几乎成了所有警察的统称。其实，我国的警察分为不同的警种，根据《人民警察法》第2条第2款的规定："人民警察包括公安机关、国家安全机关、监狱、劳动教养管理机关的人民警察和人民法院、人民检察院的司法警察。"

监狱人民警察与其他警种有很大区别，他们的工作环境、工作对象、工作职能都比较特殊。从工作环境上看，监狱人民警察主要在大墙之内开展工作；从工作对象看，他们每天和已经判处有期徒刑或者死刑缓期二年执行的罪犯打交道；从工作职能看，他们从事的是教育、感化

和挽救罪犯的神圣工作。

在欧美的一些国家，监狱里从事管理的人员一般称为矫正官员、狱政人员，有的直接称为监狱工作人员。并且，根据联合国《囚犯待遇最低限度标准规则》和《执法人员行为守则》的规定，"凡专职狱政人员都享有国家工作人员的地位"，监狱的管理人员属于执法人员。在这一点上，我国和欧美国家是一样的。不同之处在于，我国"监狱的管理人员是人民警察"，这一点《监狱法》里有明文规定。

经过上面的介绍，大家对监狱人民警察和公安民警的关系可能有了一定的了解。但是，为什么需要这样一类特殊的警察呢？这一点大家可能还不太清楚。下面我们就从社会治安综合治理的角度来解释一下。"社会治安综合治理"这句话我们经常听说，这句话的意思是：在各级党委和政府的统一领导下，各部门协调一致，齐抓共管，依靠广大人民群众，运用政治的、经济的、行政的、法律的、文化的、教育的等多种手段，整治社会治安，打击犯罪和预防犯罪，保障社会稳定，为社会主义现代化建设和改革开放创造良好的社会环境。从法律的角度来看，在预防和打击犯罪的工作中，公安机关、检察院、法院、司法行政部门分别扮演着不同的角色，这四类被我们简称为"公、检、法、司"的部门各司其职，分别完成同犯罪作斗争中"侦查、起诉、审判、执行"的不同工序。作为司法行政机关的重要组成部分，监狱负责的是执行法院判决的最后一道工序，在法律上，我们把这道工序称为"刑罚执行"。监狱机关不仅要将判处有期徒刑、无期徒刑、死刑缓期二年执行的罪犯收押入监，还要将他们管理好，进而把他们改造好，使之成为自食其力的守法公民。这项意义深远而无比艰巨的任务就落在了监狱人民警察身上，他们集执法、管理、教育改造、组织生产等多种职责于一身，是其他警察所不能取代的。

从这个意义上说，监狱人民警察虽然不直接参与侦破案件、抓捕罪犯（狱内案件除外），但是他们能将监狱中的罪犯改造成守法公民，化消极因素为积极因素，同样为社会安定作出了贡献。换句话说，监狱人民警察所做的工作同样是在维护国家安全，维护社会治安，保障人民群众的生命财产安全，他们是人民民主专政的捍卫者，是社会主义事业的捍卫者，也是人民群众权益的捍卫者。

　　监狱人民警察的工作环境具有艰苦性、危险性、复杂性。许多监狱地处偏僻山区、荒郊野岭，远离城市，交通不便，生活条件落后，监狱人民警察不但把毕生精力献给了监狱事业，而且不少人的子女也接过父辈的"枪"，继续为改造罪犯事业默默奉献，他们为我国的现代化建设作出了不可磨灭的贡献。20世纪80年代，在第八次全国劳改工作会议上，时任中央书记处书记的习仲勋同志受胡耀邦总书记委托到会讲话，他赞扬劳改工作警官是"攀登十八盘的勇士"、"真正的灵魂工程师"和"无名英雄"。

　　为了完成执行刑罚、改造罪犯的任务，国家赋予监狱人民警察在执行公务时的多种职权，这些职权包括刑罚执行权、狱政管理权、教育改造权、变更刑罚建议权、狱内侦查权、对监内罪犯暂予监外执行权，以及设立警戒设施及使用武器、警械具权等。这些职权的行使，意味着监狱人民警察在工作过程中对罪犯的控制、剥夺和限制自由、强制劳动、制裁违规行为，以及为确保监狱安全和行刑活动所采取的强制性或惩罚性措施。此外，日常的管理、考核、奖惩、教育、矫正等工作，同样都是代表着国家依法开展的。他们珍惜国家和人民赋予的权力，同时法律保障他们合理使用这些权力。作为罪犯，大家必须遵守法律法规和监规纪律，服从监狱人民警察的管理，接受监狱人民警察的教育改造。

二、监狱人民警察是罪犯改造的引路人

　　新中国成立后，监狱工作成为政法工作的重要组成部分，面貌焕然一新。监狱不仅完成了"收得下、管得住、跑不了"的任务，还担负着"改造好"罪犯的光荣历史使命。相应地，监狱人民警察的工作也就不仅仅是看管罪犯，还要努力把罪犯改造成为"守法公民"。

监狱人民警察在法治社会中扮演着至关重要的角色。他们的核心使命是严格按照法律规定，对罪犯进行全面管理、教育和改造。这一使命不仅关乎法律的威严和公正，更关乎社会的稳定与和谐。通过他们的努力，法律的判决得以执行，罪犯得以在法律的框架内接受应有的惩处，从而维护了社会的公平正义。

在某监狱，曾有一名因抢劫罪入狱的青年张某。初入监狱时，张某情绪低落，对未来毫无希望。然而，监狱人民警察并未放弃他，而是通过多次深入的谈话，逐渐了解了他的家庭背景、成长经历及犯罪原因。针对张某的情况，民警制定了个性化的改造计划，不仅加强了法制教育，还安排了职业技能培训，帮助他掌握了一门实用技术。在民警的持续引导下，张某逐渐转变了思想，从最初的抗拒改造到后来的积极参与，的表现得到了监狱方面的认可。最终，当他走出监狱大门时，不再是那个迷茫无助的青年，而是一个对未来充满希望、具备一技之长的劳动者。

监狱人民警察通过耐心教育和引导，帮助罪犯重拾信心、掌握技能，为他们回归社会、重新做人铺平了道路。他们不仅是罪犯的监管者，更是他们人生道路上的重要引路人。

监狱人民警察的职责使命重大，他们肩负着维护社会稳定、保障人民安全、执行法律判决以及教育改造罪犯的重任。这些使命是社会与法律赋予的，体现了对监狱人民警察工作的高度认可和尊重。在执行这些使命的过程中，他们不仅需要具备专业的知识和技能，更需要秉持公正、公平的原则，不偏袒、不徇私。

监狱人民警察的使命不容任何侵犯。在执行公务时，他们的人身安全、执法权威和法律地位都应受到法律的保护和社会的尊重。任何对监狱人民警察的非法侵害都是对法律的挑战，对正义的亵渎，必须受到法律的严惩。因此，每名罪犯应当严格执行监狱人民警察的指令，确保他们能够顺利履行职责，维护社会的和谐与稳定。

三、监狱人民警察是罪犯服刑生活的帮助者

早在 1981 年，《第八次全国劳改工作会议纪要》中就提出："尤其对青少年罪犯，要像父母对待患了传染病的孩子、医生对待病人、老师对待犯了错误的学生那样，做耐心细致的教育、感化、挽救工作。"其实，这不仅是对于青少年罪犯的工作原则，广大监狱人民警察也一直本着"三个像"的原则真诚面对每个罪犯，他们既是执法者、管理者，也是特殊的教育工作者，是名副其实的"特殊园丁"。

【知识链接】

"三个像、六个字"

"三个像"是指"对青少年罪犯，要像父母对待孩子、医生对待病人、老师对待学生那样，做耐心细致的教育、感化、挽救工作"。"三个像"一般和"教育、感化、挽救"这六个字连用，并称"三个像、六个字"。"三个像"是对监狱改造政策、监狱人民警察的工作态度和方法的形象比喻，最早是由彭真同志在 1981 年 8 月 11 日视察秦皇岛市劳动教养管理所时提出的。1981 年，全国第八次劳改工作会议把"三个像"正式列为对青少年罪犯教育改造工作的政策和原则。1982 年 1 月 13 日，中共中央《关于加强政法工作的指示》将"三个像"的说法正式确定下来。"教育、感化、挽救"这六个字是在 1981 年召开的全国改进改造工作座谈会上首先提出的，同年第八次劳改工作会议把

"教育、感化、挽救"确定为劳改工作的政策方法。1982年1月13日，中共中央《关于加强政法工作的指示》将"教育、感化、挽救"确定为劳动教养工作的方针。在这六个字当中，教育是中心，感化是桥梁和纽带，挽救是目标和宗旨。

通过以上的介绍，相信大家对监狱人民警察的工作性质、职责都有了大致了解。应当说，监狱人民警察既有威严的一面，又有慈爱的一面。威严的一面是由法律赋予的职权决定的，体现着监狱惩罚的职能；慈爱的一面则是出于挽救人、改造人、造就人的目的，体现着监狱改造的职能。如果要用一个比喻来说明的话，就好像既有"金刚手段"，又有"菩萨心肠"。因此，大家不要光看到威严和惩罚的一面，也要多体会慈爱和改造的一面。在监狱服刑过程中，遇到困难、遇到问题、遇到困惑，首先应当想到找监狱人民警察，任何一个监狱人民警察都不会对你放弃不管。社会上经常说"有困难找警察"，在监狱里更要如此。例如，有擅长"攻坚克难"改造顽固罪犯的尖兵，有善于打开心结对罪犯开展心理矫治的行家，他们专门改造重点罪犯，全程参与对转化困难的罪犯的改造工作，成为确保监狱安全和提升教育改造质量的中坚力量。

监狱人民警察和罪犯之间是一种什么关系？应当说，既是一种管理和被管理的关系，也是一种帮助和被帮助的关系。心理学上有个"罗森塔尔效应"，讲的是老师和学生之间存在着"期待"促进"发展"的心理效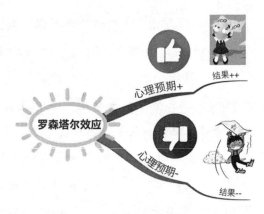应。一般来说，老师关心的、重视的学生往往进步比较快，即使老师上课时候的一个眼神也能对学生产生积极影响。这是因为学生感受到老师对自己的"期待"，所以产生了一种无形的动力。其实，在服刑改造过程中，监狱人民警察与罪犯之间也存在着这种"罗森塔尔效应"。监狱人民警察的关心和帮助，对罪犯的进步也会产生积极的促进作用。更重要的是，如果罪犯主动寻求监狱人民警察的帮助，也能引发"罗森塔尔效应"，形成一种良性的互动。因此，大家应当积极行动起来，变"要我改造"为"我要改造"，把握命运的主动权。

【延伸阅读】

以情为桥，铺就罪犯重生希望之路

【案例 1】 化解家庭矛盾，重塑亲情纽带

罪犯李某，男，38 岁，因故意伤害罪被判处有期徒刑 8 年 6 个月。李某曾是家中的顶梁柱，却因一念之差跌入犯罪的深渊，家庭关系因此破裂，妻子离他而去，孩子也对他冷眼相待。民警得知后，决定帮助李某重建家庭的纽带。他们像春风化雨般介入，一封封家书承载着民警的关怀与期望，一次次通话传递着温暖与希望。在民警的不懈努力下，李某与家人之间的坚冰逐渐融化，妻子开始回心转意，孩子也重新接纳了他。亲情的力量让李某重燃希望，他决心以实际行动回报民警的关爱，积极投身服刑改造，争取早日与家人团聚。

【案例 2】 画笔绘就新生，照亮前行之路

罪犯王某，男，33 岁，因非法吸收公众存款罪被判处有期徒刑 5 年。罪犯王某因一时冲动而犯下大错，入狱后对未来一片迷茫。民警在日常管理中发现，王某对绘画有着浓厚的兴趣，每当拿起画笔，他的眼神中便闪烁着异样的光芒。于是，民警决定如园丁般悉心培育这颗被遗忘的种子。他们为王某提供了丰富的绘画材料和专业的指导，鼓励他在画布上自由挥洒。在民警的关怀与鼓励下，王某的画笔逐渐描绘出了一

个全新的世界，一幅幅作品见证了他的成长与蜕变。民警的关怀如同灯塔，照亮了他前行的道路，让他看到了新生的希望。

【案例3】助力学习技术，拓宽未来之路

罪犯胡某，18岁，因强奸罪被判处有期徒刑5年6个月。胡某年少轻狂，学业未成，改造不积极，没有一技之长。民警深知，挽救一个未成年罪犯，就是挽救一个家庭的未来。于是，他们为胡某量身定制了一份详细的学习计划，并耐心传授他计算机编程技能。在民警的悉心教导下，胡某逐渐掌握了这项实用技能，他的眼神中重新焕发出了自信的光芒。每当胡某在学习上遇到困难时，民警总是耐心地为他解答疑惑，鼓励他勇往直前。民警的关爱如同阳光，温暖了他的心房，让他重新找到了人生的方向。

【案例4】化解心理压力，重塑阳光心态

罪犯赵某，男，45岁，因诈骗罪被判处有期徒刑10年6个月。赵某入监后，感觉自己刑期漫漫，家中有多病的父母，还有无业的妻子和上学的孩子，心理压力巨大，几乎崩溃。民警发现后及时介入，他们通过专业的心理疏导和放松训练，帮助赵某逐渐走出阴霾。在民警的耐心倾听与引导下，赵某逐渐敞开了心扉，倾诉了自己的痛苦与困惑。同时，民警还鼓励赵某参加文体活动，与同伴建立友谊，重拾生活的乐趣。在民警的关怀下，赵某的心理问题得到了有效的解决，他的脸上再次绽放出了笑容。改造之路也变得更加顺畅，他重新找到了生活的意义和价值。

思考题

1. 如何理解监狱人民警察与罪犯之间的关系？
2. 如何理解监狱人民警察是罪犯改造的引路人？

第三节　监狱罪犯：一类特殊公民

监狱内关押的都是罪犯，与罪犯朝夕相处的除了监狱人民警察就是其他罪犯群体。作为新入监的罪犯，需要思考如何与他人相处，如何尽快适应服刑改造的生活，因为这是他们必须要面对的生存环境。

一、明确身份意识

对于这个问题，许多普通公众，尤其是那些对监狱不太了解的人，大多会给出一个武断的回答：监狱里面没有好人。这个回答似乎很耳熟，正是因为太过熟悉了，所以我们很多人对类似的回答会不假思索，脱口而出。说的人言之凿凿，大义凛然，听的人则奉为真理，深信不疑。但是，这只是一个武断的回答。为什么？这里我们不讨论好人坏人的问题，我们说这个回答武断，主要是说这个回答是一个"脸谱化"的判断。什么是"脸谱化"？为什么说这个判断是"脸谱化"的判断？对这两个问题我们暂且放下，让我们先来看看，罪犯到底是什么样子的人。

首先，罪犯是刑事违法的人，是对社会或者他人造成危害的人，也是应受刑罚处罚的人。因此，罪犯首先要明确自己的身份，承认自己是一个有罪之人。只有承认自己有罪，才能理智地接受罪犯的身份，才能自觉接受刑罚和进行改造。而且，不管你以前在社会上是什么地位和身份，一旦进入监狱，穿上了囚服，无论你内心深处是否情愿接受这个现实，实际上你的身份已经变为罪犯，这一点是不可否认的。根据我国的法律规定，我们对罪犯的法律身份可以从实体和程序两个方面来考察。从实体方面看，监狱中的罪犯都是实施了犯罪行为的自然人。而犯罪的法律特征是具有一定的社会危害性、刑事违法性和应受惩罚性，其认定依据是刑法的规定。《刑法》第 13 条规定："一切危害国家主权、领土完整和安全，分裂国家、颠覆人民民主专政的政权和推翻社会主义制度，破坏社会秩序和经济秩序，侵犯国有财产或者劳动群众集体所有的财产，侵犯公民私人所有的财产，侵犯公民的人身权利、民主权利和其他权利，以及其他危害社会的行为，依照法律应当受刑罚处罚的，都是犯罪，但是情节显著轻微危害不大的，不认为是犯罪。"再从程序方面来看，罪犯的身份和对其执行刑罚是由法定机关依法定程序确定的，《刑事诉讼法》第 12 条规定："未经人民法院依法判决，对任何人都不得确定有罪。"

没有犯罪就不存在刑罚，没有刑罚也就无所谓罪犯，监狱也就没有了存在的必要，监狱罪犯这个特殊群体也就不会存在。这样看来，监狱中的罪犯都是"戴罪之身"，这是一个法律上的事实。承认这个事实其实很有必要，因为只有认清了事实，接受了这个事实才能正视自己的身份，才能正确认识服刑改造的必要性。有些罪犯入狱前是国家干部，或者是某个部门的领导，进入监狱后还是不改过去的作风和思考问题方式，总把自己放在高人一等的位置，这样怎么能真诚悔过、安心改造呢？因此，任何一个罪犯，从换上囚服的那一刻起，都要摆正自己的位置，从零开始，从头改造。

其次，罪犯虽然都是犯了罪的人，但是罪犯又都是国家公民的一部分。过去，社会上对罪犯有一些片面的看法，如有的人认为罪犯都是穷凶极恶、面目狰狞、十恶不赦的"魔头"或者"江洋大盗"。这种说法跟我们上面提到的"监狱里没有好人"这种说法类似，都是武断或者不确切的说法。

法律并不是给某类特殊的人制定的，法律面前人人平等。因此，如果不懂法，缺乏对法律的敬畏之心，就会行差就错，走上违法犯罪的道路。在罪犯当中，既有曾经的歌星、影星，也有曾经的作曲家、导演；既有大学生、硕士研究生、博士研究生，也有大学教授。

犯罪的原因多种多样，罪犯也有各种类型，但是不管罪犯的差异有多大，大家都有必然的共性，正所谓"东海西海，心同理同""人同此心，心同此理"。人和人都有共同心理，你对他好，他也会对你好。"人敬我一尺，我敬人一丈"。人之为人的共同心理基础是什么？对此，古人早有精辟的论述。战国时期的孟子说过："无恻隐之心，非人也；无羞恶之心，非人也；无辞让之心，非人也；无是非之心，非人也。恻隐之心，仁之端也；羞恶之心，义之端也；辞让之心，礼之端也；是非之心，智之端也。人之有是四端也，犹其有四体也。"（《孟子·公孙丑上》）

孟子的这段话大意是说，人都有四种"心"：恻隐之心、羞恶之心、辞让之心、是非之心。如果一个人没有这四种"心"，那么这个人就不是人了。而这四种"心"又分别是仁、义、礼、智这四种品德的发端。每个人都有这四种品德的发端，就像人有四肢一样。如果再进一步解释的话，恻隐之心就是一种类似同情的心理。用孟子的话来说，一个人看到婴儿往井口爬，这个人就会产生"怵惕恻隐之心"，也就是带有恐惧和同情的心理。人产生了这样的心理，不是因为他和这个婴儿的父母关系好，也不是因为他想在朋友、乡亲中炫耀自己。那是什么原因使然呢？孟子的回答是他的本心使然，良心使然。羞恶之心就是害羞的心理，人做了错事都会有不好意思的心理；辞让之心就是谦让的心理，人家送东西感谢你，你会推辞、谦让；是非之心就更好理解了，就是知道什么是对的，什么是错的。孟子认为这四种"心"都是人本来就有的，只不过有的人后来不知道好好保护，受外界环境的熏染，良心泯灭而已。

王阳明是明代的大儒，有个关于他的故事，也是说人的良心或者本心的。据说，王阳明在宣传自己的"良知"之学的时候，有人不服，就想捉弄一下他。正好有一天，有人在半夜里抓到一个小偷，就把王阳明找

羞耻之心，人皆有之，这便是小偷的良知。

来，问他小偷有没有良知。王阳明没说话，他让小偷脱去外衣，随后又让他脱内衣，小偷都照办了。接下去他让小偷脱掉裤子，这时小偷犹豫了，说："这恐怕不妥吧。"王阳明于是对大家说："羞耻之心，人皆有之，这便是小偷的良知。"

孟子说的本心、良心也好，王阳明说的良知也好，都是做人应有的基本底线和共同心理。罪犯中，生病会有人同情、照顾，在劳动中受伤，别人看到也会同情、不忍。人心都是肉长的，谁没有同情心？谁没有羞耻心？谁没有辞让心和是非心？有了这种公共的心理基础，交流和相处起来就有了一个前提，监狱人民警察对罪犯进行教育转化也就有了心理依据。

二、融入改造生活

在有了上面的认识基础上，接下来我们应当怎样理性、客观地对待自己和他人呢？作为罪犯，在服刑中应当注意什么问题呢？下面从两个方面来谈一谈。

随着中国改革开放的深化，社会价值观念发生了巨大的转变，人们的想法和过去相比有了显著的不同。过去中国人"耻于言利"，也就是不好意思谈钱的事情，想赚钱被认为是利己主义思想。但是现在，财富的价值已经为大家所认同。过去，离婚的人一律被视为"思想"有问题。今天，如果谁要是还拿这个标准来评价一个离婚的人，他一定会被大家认为"思想"有问题。也就是说，随着社会的发展，人们已经不像过去那样戴着有色眼镜看问题了，也很少会用同一把尺子衡量所有人。社会公众越来越理性和宽容，对于犯罪和罪犯，社会开始从以道德评价为主逐步向以法律评价为主转变。对于广大罪犯来说，这种转变为大家创造了一个良好的服刑外部环境，既有利于大家安心服刑，也有利于将来回归社会。社会外部环境越来越好，我们自己也应当积极接受自己的身份和形象，同时还要接纳身边的服刑同伴的身份和形象。在社会心理学中，有个人与人交往的基本心理原则，我们总是喜欢那些喜欢我们的人。平时我们常说的"敬人者人恒敬之，爱人者人恒爱之"就是这个意思。你总是给别人带来快乐，别人就愿意跟你交往。你一出现就让别人不高兴，谁还愿意跟你在一起呢？所以，别人躲着你，避免和你接触，不是别人的原因，而是你的原因。这么一看，接纳同伴实际上就是接纳自己。作为罪犯，自己都看不起自己，接受不了自己，还怎么期待别人接受你呢？如果在这个群体中总是带给别人负面的影响，其他罪犯怎么会和你友好相处呢？

刑罚意味着剥夺自由与身心痛苦，这是毫无疑问的。问题是，为了逃避这种剥夺与痛苦并寻求补偿，一些罪犯选择加入"非正式组织"并学习其中的亚文化，这是一种消极的应对方式。上面所说的"监狱化"的种种表现，就是这种消极应对的后果，这些表现都是与我国监狱工作的方针背道而驰的，都是与国家和社会对罪犯的期待背道而驰的。因此，作为罪犯，每个人都应当对"监狱化"的负面影响有所了解，有意识地抵制非正式群体的拉拢，远离不良文化，在监狱人民警察的指引下早日走上服刑改造的正路。

【延伸阅读】

为自己减刑[1]

余秋雨

一位朋友几年前进了监狱。有一次我应邀到监狱为犯人们演讲，没有见到他，就请监狱长带给他一封信，上面写了一句话："平日都忙，你现在终于获得了学好一门外语的上好机会。"几年后我接到一个兴高采烈的电话："嘿，我出来了！"我一听是他，便问："外语学好了吗？"他说："我带出来一部六十万字的译稿，准备出版。"

---

[1] 余秋雨：《霜冷长河》，作家出版社 2008 年版，第 173 页。

他是刑满释放的，但我相信他为自己大大地减了刑。茨威格在《象棋的故事》里写道，一个被囚禁的人无所事事时度日如年，而获得一本棋谱后日子过得飞快。外语就是我这位朋友的棋谱，轻松愉快地几乎把他的牢狱之灾全然赦免。

真正进监狱的人毕竟不多，但我由此想到，很多人恰与我的这位朋友相反，明明没有进监狱却把自己关在心造的监狱里，不肯自我减刑、自我赦免。

我见过一位年轻的公共汽车售票员，一眼就可以看出他非常不喜欢这个职业，懒洋洋地招呼，爱搭不理地售票，时不时抬手看看手表，然后满目无聊地看着窗外。我想，这辆公共汽车就是他的监狱，他却不知刑期多久。其实他何不转身把售票当作棋谱和外语，满心欢喜地把自己释放出来呢。

对于有的人来说，一个仇人也是一座监狱，那人的一举一动成了层层铁窗，天天为之郁闷愤恨、担惊受怕。有人干脆扩而大之，把自己的嫉妒对象也当作了监狱，人家的每项成果都成了自己无法忍受的刑罚，白天黑夜独自煎熬。

听说过去英国人在印度农村抓窃贼时方法十分简单，抓到一个窃贼便在地上画一个圈让他待在里边，抓够了数便把他们一个个从圆圈里拉出来排队押走。这真对得上"画地为牢"这个中国成语了，而我确实相信，世界上最恐怖的"监狱"并没有铁窗和围墙。

人类的智慧可以在不自由中寻找自由，也可以在自由中设置不自由。环顾四周多少匆忙的行人，眉眼带着一座座监狱在奔走。老生常谈，苦叹一声，依稀有银铛之音在叹息声中盘旋。

舒一舒眉，为自己减刑吧。除了自己，还有谁能让你恢复自由？

思考题

1. 罪犯该如何明确自己的身份意识？

2. 罪犯应如何融入改造生活？

第四节 服刑改造：一次新生之旅

从脱下便装换上囚服的那一刻起，服刑生活就正式开始了。然而，认真思考一下：服刑改造是什么？服刑改造到底为什么？服刑改造应当如何进行？这些问题还是经常让一些罪犯困惑不已。有些罪犯正是因为对这些问题缺乏正确的认识，或者认识不够深刻，缺少正确的服刑改造观念作为指导，所以在服刑过程中出现了种种不应该出现的表现。有的罪犯存在功利主义的服刑改造观念，不管劳动也好，学习也好，生活卫生也好，凡是对自己挣分、减刑有利的就积极卖力，凡是对自己不利或者用处不大的就消极应付。有的罪犯坚持听天由命或者"随大溜"的服刑改造观念，凡事自己不努力，"死猪不怕开水烫""大错不犯、小错不断"。有的罪犯抱着悲观主义的服刑改造观念，他们看不到前方的希望，内心一片迷茫，认为干得再好也没有用，出去了还是低人一等。因此，他们缺乏改造的动力，整天混刑度日。可想而知，这些观念都是不利于改造的。在这些错误观念的支配下，这类人在服刑生活中的表现肯定会与监狱的要求背道而驰。因此，要通过大力培养"变刑期为学期"、常思改造"六问"、有问题找民警、托关系毁前途、严格规范养成和践行日积一善等六种意识，教育引导罪犯按照"确有悔改表现"的标准踏实改造。

【知识链接】

罪犯改造"六问"

一问：这是什么地方？通过这个问题，罪犯需要明确自己当前所处的环境是监狱，是一个接受惩罚和改造的场所。这有助于罪犯认清现实，端正态度，积极配合改造。

二问：你是什么人？这个问题要求罪犯对自己的身份有清晰的认识，明白自己现在是罪犯的身份，需要接受法律的制裁和道德的谴责。同时，要思考自己未来想要成为什么样的人，树立积极向上的改造目标。

三问：你到这里来干什么？罪犯需要明确自己在监狱中的任务和目标，即接受改造，重新做人。此外，罪犯还需要学习法律知识、提高道德素质、掌握劳动技能等，为将来回归社会做好准备。

四问：你要改什么？这个问题旨在让罪犯反思自己犯罪的原因和动机，认识自己为何会走上犯罪的道路，从而深刻认识自己的错误。

五问：你要怎么改？这个问题旨在引导罪犯思考在改造过程中应该如何行动。包括遵守监规纪律、积极参加劳动和学习、与他人和睦相处等。通过实际行动来展示自己的改造决心和成果。

六问：你改得怎么样？最后，罪犯需要对自己在改造过程中的表现进行反思和总结。看看自己是否按照计划进行了改造，是否取得了预期的成果。同时，要查找自己存在的不足和问题，以便在今后的改造中加以改进和提高。

这"六问"是北京市监狱管理局在对罪犯进行教育改造时常用的方法，旨在帮助罪犯深刻认识自己的错误和现状，明确改造目标和方向，从而积极投入改造过程。

一、明晰服刑改造的重塑真谛

古希腊哲学家苏格拉底说过一句话："未经反省的人生不值得活。"我们也可以仿照这个说法来下一个判断：未经反省的服刑改造生活不值得过。为此，我们现在就一起来反省一下服刑改造生活，认真思考一下：服刑改造到底是什么？服刑改造到底应当如何进行？服刑改造的过程与接受刑罚的过程是重合的，服刑改造是犯罪的刑事后果，是对自己所犯罪行的刑事责任的承担。因此，服刑改造和犯罪的危害、刑事处罚之间有着必然的联系。一个人犯了罪就要接受法律的制裁和惩处，"杀人偿命，欠债还钱"，这种朴素的观念每个人都有，也都能理解。从历史上看，这种观念是在人类社会发展过程中逐步形成并固定下来的。而且，这种观念不光中国有，外国也有，具有普遍性。这说明通过订立某种规范并用惩罚的形式来约束人的破坏行为是人类社会的通行做法。一个人实施了危害他人或者社会的犯罪行为，通过一种国家强制手段来惩罚他，实现公平正义，同时也威慑那些有可能犯罪的不稳定分子，使其不再或者不敢重蹈覆辙，这种做法被证明是行之有效的。明白了这个道理，罪犯就应当知道：刑事处罚是不可避免的，是个人犯罪的必然后果，针对犯罪所施加的刑罚具有正当性、合理性。因此，在接受刑罚这个问题上是没有商量余地的。

一般来说，刑罚具有三个特点，即法定性、强制性和惩罚性。法定性的意思是指刑罚是依法作出的判决或者裁定。我国刑法的重要原则之一就是罪刑法定，如果用一句简单的话来解释罪刑法定原则，就是"法无明文规定不为罪，法无明文规定不处罚"。根据这个原则，哪些行为是犯罪，应当处以什么样的刑罚，都是事先以法律的形式明文规定好的。反过来看，罪犯被处以的刑罚，都是依法作出的，是不以个人的意志为转移的，怨天尤人一点意义也没有。刑罚的强制性意味着它是以国家强制力量作实施保障的，监狱作为国家的刑罚执行机关，本身就具有强制性的色彩，一般被认为是国家的暴力机器。罪犯在监狱里的各项活动都是刑罚执行的必要组成部分，是不以个人的好恶为转移的，没有讨价还价的余地。如果个别罪犯不服从监狱人民警察的管理、扰乱监管秩序，监狱管理部门将依法进行处罚。刑罚的本质就是对犯罪的人给予适当的惩罚，也就是使犯罪的人遭受与其所犯罪行相匹配的痛苦。[1]因此，惩罚性是刑罚的第三个特点。有些罪犯想极力逃避惩罚，逃避刑

---

〔1〕 陈明华主编：《刑法学》，中国政法大学出版社1999年版，第264页。

事责任，事实证明到头来总是得不偿失。1991 年，30 多岁的王某因犯拐卖妇女、儿童罪被判处有期徒刑 10 年，并到监狱服刑改造。王某认为改造日子太艰苦，趁机从监狱脱逃。脱逃后，王某为逃避追捕，辗转流窜多地，隐姓埋名、东躲西藏 28 年后，于 2023 年 9 月被抓获。在庭审现场，王某表示认罪认罚，他说："自己因想照顾家里

老人小孩，才一时冲动脱逃跑出监狱。28 年的东躲西藏，胆战心惊，过的不是人的日子，也顾不上家里的老人小孩，连父母离世的最后一面也没能见到，我愧对父母妻儿，同时也因自己的犯罪行为给监狱、政府、社会造成了极其恶劣的影响，我真诚认罪悔罪。逃跑无出路，请每名罪犯以我为戒，遵规守纪，踏实改造，早日回归社会才是正道。"王某脱逃被捕后，不仅要继续服完未执行完毕的刑罚，还要因脱逃罪面临新的刑罚。如果当初王某踏实改造没有选择脱逃，那么他 40 多岁就能刑满释放，回归家庭，有可能现在已是儿孙满堂、享尽天伦之乐。但他因一时冲动选择脱逃，28 年里，王某并不曾拥有过真正的自由。

二、铭记服刑改造的愿景追求

"法网恢恢，疏而不漏。"多少活生生的例子证明，犯罪之后只有一条出路，那就是接受惩罚。心存侥幸，最终的结果往往是更加不幸。多少负案在逃人员被抓获的时候都说出了同样的一句话："终于可以不用再东躲西藏了，终于可以睡一个安稳觉了。"中国农业银行海南省分行临高县支行原副行长陈某某在担任加来分理处主任期间，涉嫌贪污、挪用公款 3000 余万元。2003 年 12 月，中国农业银行海南省分行对临高

县支行加来分理处例行检查时，发现巨额现金短缺，时任临高县支行副行长的陈某某闻风潜逃。8 年之后的 2011 年 11 月 8 日，陈某某投案自首。8 年里，陈某某一直躲藏在山林里，挖洞藏身。记者问他："这么多年藏在山林里，你吃什么，喝什么，怎么熬过来的？"陈某某哽咽着回答："那种苦是无法用言语来表达的。躲在山林里的生活就像老鼠一样，尤其是下雨的时候，浑身被淋湿，黑灯瞎火，一个人在漆黑的洞穴里任由蚊虫叮咬。饿了就偷偷钻出来，到山上挖红薯，渴了就喝小溪的水解渴。唉，人不像人，鬼不像鬼。有一次警察来搜山，我躲在洞穴里差不多两天两夜不敢出来，没吃没喝的，又饿又累。"[1]逃了 8 年，陈某某最终还是要面对法律的制裁。在这期间，他还要每天面对良心的谴责。可见，逃避刑罚的想法是多么的不现实和不理智！既然犯罪事实无法更改，那么就要勇敢面对刑罚，认真服刑改造。服刑改造是对刑事责任承担的过程，是接受惩罚的过程。这可以说是对"服刑改造是什么"这一问题的回答。

【延伸阅读】

五种错误的服刑改造行为

（1）对抗型改造。

将自己与监狱和民警对立起来，不认罪悔罪，不服从管理，故意违反监规纪律。具体表现形式有：意图通过自杀、自伤、自残、吞食异物、绝食等逃避改造；在日常改造生活中聚众结伙哄闹监狱，串通合谋违规违纪，甚至殴打他犯，扰乱正常秩序；在劳动生产中消极怠工或故意不完成生产任务，故意违反生产操作规程、生产安全规范，故意损坏或丢失劳动工具、生产设备、原材料、劳动产品，故意浪费生产原材料

---

〔1〕 "海南一副行长贪污潜逃 8 年，自爆像老鼠般活着"，载 http://news. xinhuanet. com/legal/2011-11/14/c-122277843. htm，最后访问日期：2024 年 9 月 8 日。

等；无正当理由不参加教育改造活动等。

（2）投机型改造。

服刑改造不以改过自新为目的，而以获取较好待遇或奖励，以及减刑或假释为目的，在日常改造中进行欺骗式改造。具体表现形式有：欺骗民警，"不要分、不要奖"的罪犯为违纪者顶雷，替违纪者扣分、写检查；弄虚作假，为了骗取奖励，和他犯合谋制造假立功；罪犯之间相互倒账，以换取食品、物品等；阳奉阴违，以两种面孔示人，对待民警时"态度诚恳"，对待他犯时"目中无人"，民警面前说得天花乱坠、积极肯干，民警背后牢骚满腹、消磨混泡；抄袭稿件，或在自己稿件上署上其他关系要好的罪犯姓名；互相"帮忙"，将自己的劳动生产任务"让"给其他罪犯等。

（3）腐蚀型改造。

服刑改造过程中通过本人、家属或社会关系，拉拢腐蚀其他罪犯和民警，拖其他罪犯和民警"下水"。具体表现形式有：编造、传播谣言，散布反改造言论，挑拨罪犯之间以及罪犯与民警之间的关系；以言语、暴力或以暴力威胁等方式打击他犯改造积极性；托关系、找门路，寻求所谓"照顾"和"润活"，对有奖分机会的改造活动以不正当的手段争取，对出工生产劳动推三阻四极力躲避等。

（4）消极型改造。

在服刑改造中不反思自己的罪错，以耗日子为目的，消极应对学习、劳动、卫生等改造任务。具体表现形式有：虽然服从管理，但坚持不认罪；日常行为懒懒散散，大错不犯，小错不断；服刑改造中不求有功，但求无过；对民警布置的任务不主动，不作为或慢作为；对他人违纪行为，知情不举，纵容包庇；生产劳动时缺乏责任心，软磨硬泡；参加教育活动时纪律涣散，不按时交作业，或者马虎应付等。

（5）迷茫型改造。

在服刑改造中虽然表示认罪悔罪，但对自己的犯因性问题缺乏正确认识，没有明确的改造计划和改造目标，改造方向错乱，改造持续性差。具体表现形式有：不能正视自己，真正深挖自身犯罪原因，对犯罪更多归因于外因；不能根据自身情况确立可行的改造目标，改造没有方向；对稳固正确的改造目标意志薄弱，信心不足，缺少韧劲，坚持性差，反复性大等。

服刑改造到底为了什么？为了改变，为了弥补，为了再社会化。人是一种社会性的动物，不能脱离社会群体而存在。像《鲁滨逊漂流记》里的主人公那样生活在荒岛上，已经很难谈得上是正常的人了。人在正常成长和发展过程中需要学习社会规范和各种知识、技能，而犯罪一般被认为是"社会化"的一种"缺陷"或"失败"，因此有必要在类似监狱这样的机构中进行强制性的"再社会化"。因此，我们说服刑改造就是为了改变——改变过去错误的世界观、人生观、价值观；为了弥补——弥补各类知识、技能方面的不足；为了再社会化——也就是重新融入社会，回归社会。

【知识链接】

社会化和再社会化

我国的社会学者在讨论社会化的过程时，一般将其分为基本社会化、继续社会化和再社会化三部分。

（1）基本社会化是实现个人从自然人成长为社会人的过程，主要是指成年之前的社会化。在这一阶段，未成年人的身心以及社会性等方面都会产生较大的变化，也是其世界观、人生观、价值观形成的时期。教育在这一阶段的社会化中起主导作用。

（2）继续社会化是指成年人的社会化，其任务是为适应新的社会角色、学习掌握新的技能技巧、社会规范、树立和巩固价值观念等。

（3）所谓再社会化，即采取强制手段，使社会化的失败者改变以前的价值标准和行为方式，并向其灌输现有的社会规范和行为方式，确立新的生活目标。

从一个生物人转变为社会人的过程，在社会学上称为社会化。社会化的重要目标之一就是掌握一个人所扮演的社会角色应当遵循的社会规范。从某种意义上说，社会化的过程也就是教育的过程，对于犯了罪的人，在监狱所受的教育，一般称作再社会化。因为正常的社会化出现了问题，破坏了社会规范，所以需要通过特殊的方法和途径，改变一个人的角色认知、价值观念，使之重新掌握社会规范。

可见，罪犯在监狱中并未脱离社会，服刑就是一种再社会化，是回归社会前的准备。一个人要完成社会化过程成为真正意义上的人，就必须通过社会生活来实现。离开正常的社会生活就不可能社会化，只能造就"半成品"的人。而要实现再社会化，补救正常人在成长中出现的缺陷，就需要监狱这样的特殊社会环境。

从这个意义上来说，服刑改造其实就是一种特殊的社会化过程。说它特殊，是因为你已经不再像未成年人那样"从无到有"地学习语言和社会规范了。作为成年人的你已经掌握了语言，了解了社会规范的意义，并形成了自己对人生、世界和价值问题的看法。不同的是，你的这些看法可能与社会的要求不太符合，不利于将来重新回归社会、融入生活。因此，你首先要改变自己的这些看法，改变自己的言行举止，然后学着使它们适应社会的要求。这样看来，这个过程并非易事，需要你认同并付出努力才能实现。

【延伸阅读】

成功改造铸就美好新生

罪犯梁某，男，34 岁，因非法经营罪被判处有期徒刑 6 年。梁某的再社会化之路，是监狱系统多措并举、精心规划和个人踏实改造、努力学习知识的结果。入狱之初，面对法律的制裁和内心的煎熬，梁某处于迷茫与自责之中不能自拔。然而，监狱民警没有放弃他，而是采取了一系列具体措施帮助他重获新生。

首先，监狱为梁某提供了专业的心理辅导和教育，帮助他正视自己的错误，克服自卑和焦虑，重建积极的生活态度。同时，通过法制、道德等多元教育，引导他树立正确的价值观和人生观。

其次，监狱注重提升梁某的文化素养和认知水平，为他提供了初等教育和初级中等教育。这些文化教育不仅丰富了他的知识，还提高了他的社会适应能力。

最后，监狱还针对梁某的实际情况，提供了实用的职业技能培训，如手工制作、烹饪等。这些技能为他日后的就业打下了坚实的基础，使他能够在释放后迅速找到稳定的工作。在释放前，监狱对梁某进行了全面的评估，并制订了详细的社会帮教计划。释放后，监狱和相关社会机构持续跟踪回访，提供心理咨询、就业指导等支持服务，确保他能够顺利融入社会。

通过这些具体措施的实施，梁某逐渐实现了从罪犯到守法公民的转变。他凭借在狱中掌握的技能和积极的心态，成功找到了工作，重新修复了与家人的亲情关系，并积极参与社区活动。梁某的再社会化之路不仅证明了个人的努力与坚持，也展现了监狱教育改造工作的成效以及社会对刑满释放人员的关爱与支持。

三、遵从服刑改造的正确指引

知道了服刑改造是什么、为什么之后，接下来的问题就是到底应当如何服刑改造了。

经过上面的一番思考，我们知道了服刑改造是犯罪的必然后果，是不可避免的。既然不可避免，就要勇敢地面对。但只是勇敢面对还不行，还有个如何正确面对的问题。也就是说，服刑改造不仅仅是表面认罪的问题。仅是迫于法院的判决而表面认罪是远远不够的，因为这种认罪并没有真正地从内心深处认识到自己所犯罪行的严重性和错误性。

为什么说表面认罪还不够呢？因为面对法院的判决，我虽然表面上认罪，但这并非出于内心的真诚悔悟，而是因为无法抗拒法律的裁决而被迫接受惩罚，心中抱着"你们想怎么罚就怎么罚，罚什么我都认"的态度，这并非真正的认罪。而且，一些罪犯对于服刑改造的认识只停留在"罚"上，以为服刑改造只是接受惩罚就够了。他们认为，我已经被判刑了，失去自由了，付出代价了，还要我怎么样？实际上，这恰恰是认识的误区关键所在。正如前文所说的，我国监狱工作任务包括两个方面：惩罚罪犯和改造罪犯。把犯罪的人关起来，只是体现了"罚"的一面，但是这一面不是最终目的。把罪犯改造好才是目的，而"改造好"如果也用一个字来表示，就是"教"（或者"育"）。"罚"和"教"是不可偏废的，如果只有"罚"没有"教"，那就只是单纯的惩办主义，跟过去的监狱没有两样。古时候有句话，"不教而诛"，是说一个人犯了罪，不教育直接就杀了。这句话出自《荀子·富国》，原话是"故不教而诛，则刑繁而邪不胜"。不教育就惩罚，结果是法令出台了很多，可是犯罪还是禁止不了。也就是说，单纯的惩罚不能取得好的效果。当然，这是仅就监狱层面而言。惩罚和改造相结合，以改造人为宗旨，我国的监狱工作方针对这个问题早就有了明确的立场，这一点罪犯大可放心。关键是，我们还需要从罪犯的角度出发，思考他们应当如何正确认识这一问题。

刚才说了，一些罪犯承认"甘愿受罚"，以为这就是认罪服法了。其实，"认"和认罪不一样，认罪和服法也不一样。有的人心不"通"，只是口服，心不服，这样在服刑改造中就积极不起来，力气用不到点子上。因此，要从思想上真诚地反省："为什么我倒霉？""我到底哪里做得不对？""今后怎么做？"从另一个角度说，服刑还有一个从"服判"到"服管"，从"服管"到"服法"的转变过程。"服判"就是接受判决，不申诉。刑罚是法定的，是法院判决的，一旦生效交付执行就有了合法性和强制性，不由你不服。因此，"服判"是比较容易做到的，这就是我们刚才说的"口服"。"服管"也是这样，表面上服了，但心里可能还不服，还有想法，没想通。"服法"则是真正地口服心也服，心里面真正"通"了。知道了自己为什么被抓，法院为什么判自己，也明白了自己以后努力的方向。不过说来说去，你心里怎么想别人是看不透的，所谓"画虎画皮难画骨，知人知面不知心"。只有通过服刑改造的表现才能窥探你的内心，一个人内心不服，只是"口服"是收不到改造成效的。"口服"或者能装上一阵子，几年十几年一直装就比较难了。不要想通过掩饰自己的行为欺骗别人，这样的结果最终只能欺骗自己。因为改造最终的好处只有自己才能知道，你真心悔过，真心改造了，等你出狱的那天你就会有大的收获。为了更好地改造罪犯，北京市监狱管理局还出台了民警主导、罪犯参与的"共找犯因问题，共定改造计划，共保计划实施，共评改造效果"的"四共"建设，旨在引导罪犯深入剖析自我，正视自身存在的问题，明确查找并解决犯因性问题是实现自我改造的唯一正确途径。针对罪犯的犯因问题，帮助其量身定制改造计划，以增强改造的针对性和实效性。同时，通过开展罪犯"新生大讲堂"特色课程等专项特色内容，引导罪犯认清改造的正确方向，不断提高改造质量。

【延伸阅读】

踏实改造，终将迎来新的人生

罪犯赵某，1963年出生，自1985年4月初即蓄谋强奸、杀害邻居少女及其母亲，并制订书面犯罪计划，准备作案工具。4月15日下午，赵某将被害人诱骗至其住处，乘其不备用鹅卵石猛击头部，并扒其裤子，企图强奸，当被害人反抗时再次猛打头部，致其受伤（经医院抢救脱险）。案发后赵某潜逃，于4月17日投案自首。

该犯入监后，深挖犯罪根源，深刻反省自己所犯罪行，认真对待改造，曾先后三次给市中级人民法院、高级人民法院写认罪服法思想汇报信，剖析自己的犯罪思想形成，表示自己立功赎罪，"争取早日成为受人民欢迎的人"的决心，受到法院领导同志的肯定。1986年2月，该犯写了"我是怎样走上犯罪道路的"思想汇报，更为深刻、全面地分析了自己的犯罪思想根源，语言诚恳，真实可信。3月5日，北京市团委主办的《形势政策教育报》以"高墙下的忏悔"为题，全文刊登了该犯的这一思想汇报。

该犯于1990—1992年，自学通过11门考试，获得自考大专学历；1993—1995年，报考北京师范大学应用数学本科专业，通过全部18门考试和论文答辩，获得学士学位。1993年夏天，因为市政建设的需要，北京市监狱要迁出城区，赵某与其他罪犯一起，被调到200公里以外的清河劳改总队。在事先没有任何征兆的情况下，赵某感到意外和不安，"只要是监狱就没什么区别，他不担心别的，他担心考得拖拖拉拉的本科学业还能不能继续下去。"

赵某积极参加监内各项思想教育活动，从中受到教育，促进了改造。1986年5月，他参加了本中队举办的普法知识竞赛，获第一名。1986年6月，在管教干部组织下，他参加了《工人日报》等首都12家新闻单位举办的全国职工法律知识竞赛活动。他利用休息时间查阅资料，认真答卷，为本中队荣获这次法律知识竞赛"特别纪念奖"做出了较大贡献。为此，监狱给予赵某立功奖励一次。1987年5月，该犯从报纸上看到大兴安岭地区发生特大森林火灾消息后，主动提出向灾区捐献自己一个月的零用钱，在赵某的带动下，全中队160名犯人纷纷提出捐献请求，大大激发了罪犯的爱国家、爱集体、爱人民的热情。

该犯在改造中努力发挥自己的一技之长，两年来，他利用业余时间向《北京法制报》《北京新生报》《劳改简讯》等报刊投稿63篇，刊登36篇。这些文章歌颂党的劳改政策，真实反映了罪犯在政府干部教育下的劳动改造生活，因此受监狱表扬一次。此外，该犯还积极为中队罪犯改造积极分子委员会宣传组撰写稿件 230 余篇,利用黑板报、广播,宣传好人好事,进行一事一议小评论,在干部指导下,为维护中队的改造秩序做了大量有益的工作。

赵某还积极参加"三课"教育,两年来,历次政治课考核均在 90 分以上。他参加中队举办的机械制图职业教育课,年终考试获得满分的好成绩。几年来,他能自觉遵守监规纪律,从未发生任何违纪行为,三次受到中队表扬,两次受到监狱表扬,立功一次,1987 年上半年被评为劳改积极分子。

赵某的改造事迹,先后被《法制日报》、《中国青年报》、《北京法制报》、《北京晚报》、《羊城晚报》(港澳海外版)、《作家文摘》、《北京纪事》、《中国国情国力》等多家社会报刊以转载或约稿的方式刊发,使得北京的成功案例得以在全国和海外宣扬。

类似的改造案例还有很多,赵某只是其中的一个,他们都经过自己的不懈努力,在狱内不仅算清了"三笔账",而且学习了很多知识,重新走上新生之路,回归社会做了守法公民。

党的二十大报告提出的"引导全体人民做社会主义法治的忠实崇尚者、自觉遵守者、坚定捍卫者","坚持依法治国和以德治国相结合,把社会主义核心价值观融入法治建设、融入社会发展、融入日常生活","在全社会弘扬劳动精神、奋斗精神、奉献精神、创造精神、勤俭节约精神,培育时代新风新貌"等内容,契合"惩罚与改造相结合,以改造人为宗旨"的监狱工作方针。监狱作为对犯罪分子实施惩罚与改造的刑罚执行机关,在构建和谐社会中的重要任务是确保监狱安全,维护监狱稳定,持续发挥监狱作为促进社会安定有序的"防火墙"和"稳定器"的作用。监狱每改造好一个犯罪分子,就为社会增加一份和谐因素,减少一份不和谐因素。犯罪分子来源于社会,最终还要回到社会,到监狱服刑只是犯罪分子人生的一个部分、一个阶段。如果罪犯到监狱不好好地接受监狱的教育和改造,他的犯罪思想、犯罪心理、犯罪行为就不能得到有效的矫正，那么他刑满回归社会后就有可能重新走上违法犯罪的道路，危害社会、危害他人，造成社会的不稳定。

大文豪郭沫若在《凤凰涅槃》这首诗中描绘了凤凰自焚、在灰烬中重生的传说，这个传说经常借指一个人经历痛苦和煎熬的考验，抛弃旧我，获得"新生命"，开辟出新的道路。服刑改造的过程绝不是一帆风顺的，绝不会舒舒服服，必定有反复、痛苦、挫折和矛盾。因此，我们说这是一次"新生苦旅"，是需要挑战自我，不破不立的旅程。

但是，我们反过来再想想，只要能熬过去，战胜了旧我，就能像凤凰一样"浴火重生"，走向新生的彼岸。

思考题

1. 错误的服刑改造行为有哪些危害？

2. 改造"六问"答案是什么？

推荐书目

1. 《平凡的世界》，路遥，人民文学出版社 2004 年版。

2. 《假如给我三天光明》，海伦·凯勒著，林海岑译，译林出版社 2021 年版。

3. 《红岩》，罗广斌、杨益言，中国青年出版社 1961 年版。

推荐电影

1. 《长津湖》（2021 年），陈凯歌执导。

2. 《周恩来的四个昼夜》（2013 年），陈力执导。

3. 《守岛人》（2021 年），陈力执导。

第二篇 核心法规

核心法规主要围绕罪犯的管理政策展开，明确罪犯在服刑期间的基本权利和应尽义务。通过量化评价的方式，激励罪犯积极改造。根据罪犯的改造表现，实施不同的待遇和管理方式以体现个体区别对待的原则。针对违规违纪行为，设有惩戒处罚条款，确保监规纪律的严肃性。同时，对于表现良好的罪犯，政策提供了提前回归社会的机会，体现了法律的人文关怀和宽严相济的精神。这些内容相辅相成，共同构成了监狱罪犯管理政策的重要框架。

【阅读提示】

1. 明晰罪犯的权利和义务。
2. 了解计分考核的目的和内容。
3. 了解罪犯的奖惩处遇。
4. 了解罪犯的减刑假释基本政策。

第一节 权利义务：一枚硬币的两面

有这样一个故事：在一个风景如画的小镇里，居民们长期以来享受着大自然赋予的清新空气、翠绿山林和清澈溪流。然而，随着旅游业的发展和居民生活水平的提高，垃圾污染问题日益严重，美丽的自然环境开始受到威胁。小镇政府意识到问题的紧迫性，决定实施一项环保行动计划，要求所有居民和游客共同参与，包括垃圾分类、减少使用一次性塑料制品、参与植树造林等环保活动。同时，政府也承诺，对于积极参与环保行动的居民，将提供更多享受自然美景的便利和优惠，如优先预约热门徒步路线、免费参加自然教育课程等。

在这个案例中，参与环保行动（承担义务）成为居民们享受自然美景（行使权利）的前提。那些积极履行环保义务的居民，不仅能够维护小镇的生态环境，还能因此获得更多亲近自然、享受自然之美的机会。而那些忽视环保责任、不参与行动的居民，则可能面临环境恶化带来的不便，甚至失去一些原本可以享有的权利。

这个案例不仅生动地展示了权利与义务之间的紧密联系，还强调了个人行为对公共环境和社会福祉的重要影响，以及积极参与社会公共事务的重要性。通过这样的案例，我们可以更加深刻地理解到，权利与义务是相互依存、不可分割的，只有在履行好自己义务的基础上，才能更好地行使和享有自己的权利。

但是，罪犯当中仍然有些人对自己应当承担的义务和应当享有的权利存在模糊认识，尤其是对罪犯权利和义务的特殊性了解不够深入。有些罪犯"过度维权"，而有些罪犯又不知道如何正确主张自己的权利。在这部分，我们就要对这些问题一一作出解答。

一、罪犯的权利：那些被规定的权益

权利是国家通过法律规定对法律关系主体可以自主决定做出某种行为的许可和保障手段。罪犯的权利是指《宪法》和法律规定在刑罚执行期间罪犯应享有的权利。从根本上说，罪犯权利的享有具有双重意义：一是满足罪犯作为公民的基本需要和法律保障，如吃、住、卫生、健康、安全、人格等，这些是改造罪犯的前提条件。二是从法律层面确认罪犯的权利，这是改造罪犯、维护社会主义法治的必然要求。

《监狱法》第7条第1款规定："罪犯的人格不受侮辱，其人身安全、合法财产和辩护、申诉、控告、检举以及其他未被依法剥夺或者限制的权利不受侵犯。"由此可概括出罪犯权利的三大类型：

（一）罪犯服刑期间依法被剥夺的权利

1. 罪犯在服刑期间的人身自由被剥夺

被判处有期徒刑，交付执行时剩余刑期在3个月以上的罪犯和被判处无期徒刑的罪犯，在监狱内对其执行刑罚，其所承受的刑罚属于自由刑。被判处死刑缓期执行的罪犯，虽然其最终可能面临的刑罚属于生命刑（即死刑），但在缓期执行期间应用自由刑的执行方式，由监狱执行监禁，并强制实施改造，以观后效。上述罪犯在监狱服刑期间，被剥夺人身自由。人身自由的剥夺，还不同程度地波及罪犯其他权利，一些以人身自由为前提和基础的权利处于无法实现的状态。

2. 部分罪犯在服刑期间的政治权利被剥夺

在监狱服刑的罪犯当中，有一部分人的刑事判决在主刑以外还有剥夺政治权利的附加刑。剥夺政治权利是剥夺下列权利：选举权和被选举权；言论、出版、集会、结社、游行、示威自由的权利；担任国家机关职务的权利；担任国有公司、企业、事业单位和人民团体领导职务的权利。附加剥夺政治权利的刑期，从徒刑执行完毕之日或者从假释之日起计算；剥夺政治权利的效力当然适用于主刑执行期间。因此，这部分罪犯在服刑期间的政治权利被剥夺。

需要说明的是，被剥夺政治权利的罪犯，其选举权被依法剥夺。然而，未被剥夺政治权利的罪犯，依法享有选举权。对于这部分罪犯，经选举委员会和执行监禁的机关共同决定，可以在原户籍所在地参加选举，也可以在执行场所参加选举；可以在流动票箱投

△ 某监狱罪犯行使选举权

票，也可以委托有选举权的亲属或者其他选民代为投票。

（二）罪犯服刑期间依法受限制的权利

在押罪犯由于被剥夺了人身自由，这一现实对他们的权利产生了重大影响，导致罪犯的一部分权利因其失去自由而无法自主行使。

1. 受限制的夫妻同居权

对于在押罪犯，夫妻同居权也是受到限制的权利，罪犯通常情况下不得离开监狱，与其配偶没有接触的机会，夫妻同居的权利也就成了受限制的权利。但是，如果监狱为罪犯提供了夫妻同居的机会，如罪犯在暂予监外执行和离监探亲期间，夫妻的同居权可以暂时实现。

2. 受限制的生育权

罪犯的生育权，与夫妻同居权联系紧密。正常情况下，也是在得到监狱提供的机会后才有实现的可能。

3. 受限制的监护权

在押罪犯对未成年子女或其他应当受到监护的公民的监护权，因其处于与社会隔离的状态而无法实现。

4. 受限制的社会活动权利

在押罪犯因为处在与社会相隔离的状态，参加社会活动的权利受到限制，许多社会活动不能参加。凡是以人身自由为实现基础的权利，在押罪犯都不能正常行使。比如，到狱外参加学习、参加劳动、经商、观看演出，甚至是到商场购物，这些都是被限制的。这充分反映了自由刑的极大痛苦性，因为剥夺自由本身就有其固有的痛苦，还波及许多以人身自由为实现前提的公民权利，致使这些权利成为悬空搁置、无法实际行使的权利。

(三) 罪犯服刑期间依法享有的权利

1. 生命权和健康权

生命权和健康权是罪犯最基本的生存权利。罪犯具有在被服、食物、居住、医疗卫生等方面获得基本生活保障的权利。

2. 财产权及继承权

罪犯的合法财产，依法受到保护。罪犯入监时带来的非生活必需品，由监狱代为保管，待释放时发还；罪犯有正当用途时，可准予领取和使用。同时，罪犯依法享有继承权。

3. 申诉、控告、检举权

罪犯对生效判决不服的，可以提出申诉；在自身合法权益受到侵害时，有向监狱机关、公安机关、监察机关和人民检察院提出控告的权利；对监狱内外他人的违法犯罪行为，有向有关国家机关检举揭发的权利。

4. 会见权

在押罪犯在被监禁期间，处于与外界相隔离的状态，但是隔离不等于隔绝，罪犯可以依照规定享有会见亲属和监护人的权利。根据《监狱法》第48条的规定，罪犯在监狱服刑期间，按照规定，可以会见亲属、监护人。

5. 通信权

根据《监狱法》第 47 条的规定，罪犯在服刑期间可以与他人通信，但是来往信件应当经过监狱检查。监狱发现有碍罪犯改造内容的信件，可以扣留。罪犯写给监狱的上级机关和司法机关的信件，不受检查。

6. 知情权

罪犯在服刑改造过程中对涉及自身利益的监狱执法信息依法享有知情权。例如，自己在计分考核、分级处遇、奖惩、刑罚变更、考试成绩、劳动情况、个人钱款账户等方面的信息，但不包括涉及国家秘密、工作秘密和其他罪犯个人隐私的信息。

7. 个人发展权

实现人的全面发展，是马克思主义的精髓之一，也是人权保障的最高追求。发展权对于在押罪犯来说，具有特定的内涵，那就是围绕重新成为守法公民、重新成为社会合格成员，过上与其他社会成员一样的好生活。

对于未成年犯、女犯、老弱病残犯及少数民族罪犯、外籍犯，在充分考虑他们的生理、心理、体力和生活习惯等方面特点的前提下，在生活、管理、劳动等方面给予不同于其他罪犯的特殊待遇。

此外，罪犯还享有其他未被剥夺的合法权利。例如，接受教育的权利、对监狱管理、教育等提出合理化建议的权利等。罪犯的上述权利都是我国法律明文的规定，应当得到尊重和保护。

【延伸阅读】

强化执行刑期监督　保护罪犯权利
——某县检察院成功纠正一起久拖不决的刑期计算错误案

2008 年 6 月，南方某县人民检察院驻该县某监狱检察室收到某监狱二监区罪犯祝某的一封感谢信，祝某在信中说："当我拿着纠正后的'执行通知'时，心在激动地跳动，心底有千言万语的感激之情，却又不知说什么好！许多人得知这一消息后，也为我祝贺。今后，我定会积极努力改造，争取立功受奖，用实际行动感谢监狱和县人民检察院对我的帮助！牢记你们亲人般的温暖和恩情。"

罪犯祝某（1993年因犯抢劫罪被判处有期徒刑8年，并交付某监狱执行）服刑期间，于1995年3月5日与另一罪犯邹某（1993年因犯抢劫罪、破坏电力设备罪被判处有期徒刑10年，并交付某监狱执行）从监狱脱逃。祝某于2006年8月22日被铁路公安机关抓获，邹某于2006年9月20日被公安机关抓获。

2007年1月26日，某县人民法院以脱逃罪分别判处祝某、邹某有期徒刑2年6个月，合并祝某脱逃时原判未执行刑罚6年2个月零2天，决定对祝某执行有期徒刑8年；合并邹某脱逃时原判未执行刑罚6年10个月，决定对邹某执行有期徒刑8年6个月。2007年2月10日开出刑事案件执行通知书并送达某监狱，对两名罪犯的起刑日期都是2007年2月10日，无羁押折抵。祝某和邹某在收到判决书和执行通知书后，认为法院的执行通知书刑期计算有误，他们脱逃后被抓获至重新交付执行的期间属判决执行前先行羁押（祝某5个月零20日，邹某4个月零22日），应折抵其合并后决定执行的刑期。他们通过某监狱多次口头和书面向县人民法院提出了纠正执行刑期的申请，但县人民法院承办人员认为在判决合并决定执行刑期时已经对二人判决执行前先行羁押的时间予以充分考虑，因此不能再折抵合并后决定执行的刑期，故一直未予纠正。

2008年3月初，祝某写了一封申诉信给驻监检察室，请检察机关履行法律监督职能，督促某县人民法院依法纠正对他们刑期计算的错误，维护他们的合法权益。县检察院驻监检察人员对此高度重视，立即调取了县人民法院对祝某、邹某的判决书和执行通知书。经认真审查后，驻监检察人员认为，县人民法院的执行通知确实未将二人判决执行前先行羁押的时间折抵其刑期，违反了《刑法》第 47 条之规定，应予以纠正。3 月 12 日，县检察院向县人民法院发出了对祝某、邹某的刑期计算错误进行纠正的检察建议，驻监检察人员与法院的承办法官和刑庭负责人进行了面对面的讨论，法院承办法官认识到执行通知书对刑期计算确有错误。县人民法院于 4 月底将纠正后的执行通知书送达监狱和祝某、邹某手中。一起久拖不决的刑期计算错误案终于得到了纠正，罪犯的合法权益在监狱和驻监检察人员的不懈努力下终于得到了保护。

二、罪犯的义务：不容逃避的责任

权利和义务是相对的，了解了权利之后我们再来看义务。义务在法学上的定义是"设定或隐含在法律规范中、实现于法律关系中的、主体以相对受动的作为或不作为的方式保障权利主体获得利益的一种约束手段"。[1] 义务在生活中经常被说成尽某种义务，如父母抚养子女的义务、子女赡养父母的义务。义务说白了是法律对人们的一种约束手段，是法律对人们应当做出或不得做出某种行为的界限的规定。如果说权利体现的是一种自由，那么义务就是一种与行为自由相对立统一的一种社会责任，是社会对个人、国家对公民提出的社会的、政治的、法律的、道德上的要求。前面的定义中指出，义务包括"作为"或"不作为"，这两种方式分别称为"作为义务"（积极义务）和"不作为义务"（消极义务）。赡养义务就是所谓的"作为义务"，需要人们去积极履行；"禁止非法拘禁""禁止刑讯逼供"等就是"不作为义务"，人们有消极的、"不去做"的责任。

明白了义务的含义，我们就可以理解罪犯的义务。罪犯的义务是指国家法律规定的每个罪犯应该履行的某种法律责任。罪犯的义务是一种责任或行为的界限，它同样包括"作为的"和"不作为的"两类，"作为的"义务就是要求罪犯积极去"做"的，如劳动的义务就属于这一

---

[1]　张文显：《法理学》，高等教育出版社 2003 年版，第 109 页。

类;"不作为的"义务就是要求罪犯不要去"做",如不要顶撞民警、不得破坏监管秩序等。

《监狱法》第7条第2款规定:"罪犯必须严格遵守法律、法规和监规纪律,服从管理,接受教育,参加劳动。"具体来说,罪犯的义务主要包括以下六个方面:

(一) 遵守国家法律法规的义务

严格遵守国家法律法规对于罪犯来说具有双重意义。首先,《宪法》赋予了每个公民应尽的义务。《宪法》第53条规定,"中华人民共和国公民必须遵守宪法和法律"。凡是中华人民共和国公民不得以任何借口不履行《宪法》和法律规定的义务。作为触犯刑法接受刑罚处罚的人,应当履行遵守国家法律法规的义务。其次,作为违法犯罪给社会造成危害的人,必须接受法律判决,接受刑罚处罚,从被迫履行义务到自觉履行义务,逐步改造犯罪思想,矫治犯罪恶习,从而改造成为自觉遵纪守法的新人。

(二) 遵守监规纪律的义务

对罪犯的惩罚,具体是通过各种监管制度和日常生活起居的管理制度落实的,服从并严格遵守这些制度,自觉遵守监规纪律,自然就成了罪犯服刑期间的一项重要义务。为了达到惩罚和改造罪犯的目的,监狱对罪犯在服刑期间的活动、生活都作了细致的、严格的、约束性的规定,这些规定大多是义务性的。对于罪犯来说,严格遵守监规纪律是由其服刑人的地位决定的。这些监规纪律体现了国家对罪犯处罚活动的内容、要求和方式,明确了罪犯服刑行为的方式、范围,为罪犯在狱内的行为设定了法律上的是非和正误标准。它们具有矫正罪犯恶习,转化其思想的功效,同样也是维护监管场所正常秩序和保障罪犯本人合法权利的必要条件。一方面,监规纪律引导并纠正罪犯的思想认识和行为习惯,强制其养成遵规守纪的习惯;另一方面,对于那些无视监规纪律的罪犯起到强制、惩治和警示的作用。

（三）服从管理的义务

服从管理是指服从监狱和监狱人民警察的管理。罪犯被置身于监狱内就必须接受惩罚，服从管理。监狱对罪犯的管理，既体现在狱政管理制度之中，又体现在监狱人民警察对罪犯日常的具体管理之中。因此，罪犯在严格遵守国家法律法规的同时，还必须服从监狱人民警察的管理和教育，不得顶撞和对抗。

【延伸阅读】

劳动改造，助力回归

罪犯李某，39 岁，因抢劫罪被判处有期徒刑 12 年。服刑期间，他起初对劳动改造持抵触态度，认为劳动是额外的负担，只想享受监狱提供的基本生活保障，忽视了作为罪犯必须履行的劳动改造义务。监狱管理部门针对李某的思想动态，进行了深入的教育引导，明确告知他劳动不仅是改造的一部分，更是培养责任感、学习新技能、为回归社会做准备的重要途径。经过多次个别谈话和集体教育，李某逐渐认识到自己的错误，开始积极参与分配的劳动任务，如车间加工、园艺维护等。通过劳动，李某不仅学会了多项实用技能，还增强了团队协作意识，改造表现显著提升，最终获得了减刑的机会。

这一案例充分说明，罪犯在服刑期间必须履行劳动改造的义务，这是法律要求，也是促进其个人改造、增强社会适应力的重要途径。通过劳动，罪犯能矫正恶习、学习技能、适应社会，并为家庭提供经济支持，同时促进心理健康，减少再犯罪风险。

服从管理也是罪犯适应监狱生活的基础和接受监狱教育改造的前

提，只有当罪犯由被迫服从管理转为自觉服从管理时，才有改恶从善、悔过自新、改造成为新人的可能，否则就谈不上改造，更谈不上改造好。所以罪犯要按照监规纪律要求，从日常生活做起，从一言一行、一举一动、一点一滴做起，逐步适应监狱的服刑生活。对于服刑改造生活中遇到的困难和问题，应当向监狱人民警察报告，获得监狱的帮助。

(四) 接受思想、文化、技术教育的义务

罪犯必须无条件地接受监狱组织的思想、文化、技术教育。需要特别指出的是，受教育既是罪犯的权利也是罪犯的义务。不论哪项教育，罪犯都不得拒绝，也不得以自己的好恶或爱憎来选择、取舍。在接受教育的过程中，罪犯必须认真听课，遵守课堂纪律，按时完成作业，理论联系实际，努力完成学习任务。

(五) 参加劳动的义务

劳动是我国改造罪犯的重要手段之一。通过劳动，可以矫正罪犯好逸恶劳的恶习，培养罪犯的社会责任感和集体观念；可以增强罪犯的体质，有利于罪犯的身心健康；可以让罪犯掌握一技之长，为刑满释放后的就业创造条件；还可以在为国家创造物质财富的同时，为自己刑满释放、回归社会积累一定的就业资金。《监狱法》第69条规定："有劳动能力的罪犯，必须参加劳动。"第70条规定："监狱根据罪犯的个人情况，合理组织劳动，使其矫正恶习，养成劳动习惯，学会生产技能，并为释放后就业创造条件。"同时，《监狱法》对罪犯的劳动时间、劳动报酬、劳动保险都作了明确规定，以确保罪犯的权利并促进劳动改造目标的实现。罪犯参加劳动的意义不在于创造了多少物质财富，而是通过劳动接受教育，改造自己，重塑新我。

【延伸阅读】

享权不履责，必将受处罚

罪犯张某，男，58岁，因盗窃罪被判处有期徒刑9年6个月。在服刑期间，他对通信会见权有着诸多要求。他觉得与家人、朋友的通信次数受到了过多限制，对通信的审查过程提出质疑，认为这侵犯了他的隐私权。在会见方面，张某的家属从外地赶来会见，他希望监狱能为他们安排更长的会见时间，以便他能更好地与家人沟通，缓解思念之情。然而，张某却没有认真履行自己作为罪犯应尽的义务。在遵守监规纪律方面，他经常在规定的休息时间内大声喧哗、打闹，影响其他罪犯的休息。对于监狱管理人员的指令，他也时常置若罔闻，甚至公然顶撞。在接受教育改造方面，张某在思想教育课程上不认真听讲、不积极参与讨论，对监狱组织的法律法规学习等活动缺乏积极性。在劳动改造中，他故意消极怠工，不按照规定的标准和要求完成劳动任务，还不珍惜劳动工具和原材料，随意浪费。张某只想着自己的权利，忽视了应尽的义务，这种行为严重影响了他的改造进程，因此受到了禁闭的处罚。

(六) 法律法规规定的其他义务

罪犯除上述的特定义务外，还应履行《宪法》和其他法律规定的普遍义务。比如，爱护国家财产，保护公共设施的义务；讲究文明礼貌，遵守社会公德的义务；检举违法犯罪活动的义务；增强组织纪律性，参加集体活动的义务；联系犯罪实际，自觉接受改造的义务等。

罪犯要加速改造，尽快回归社会，不但要履行好上述义务，更要认真履行法律法规赋予每一名公民的义务。

三、罪犯权利与义务的关系：保障与监督并重

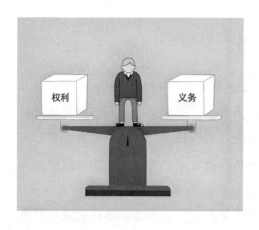

马克思有一句名言："没有无义务的权利，也没有无权利的义务。"这句话揭示了权利和义务两者之间的关系。也就是说，权利的享有必定以义务的履行为基础；反之，履行义务，必定对应着权利的享有。但是，权利义务之间的这种"对应"关系并不是简单地从某个人的角度来说的，一个人不能因为自己履行了义务，就要求一定享有相应的权利。这里所说的权利和义务的"对应关系"还包含着比较复杂的情况。

首先，一个人所拥有的任何一项权利都必然伴随一个或几个义务，以保证这个权利的实现。这就是马克思所说的"没有无义务的权利"。但是，保证实现这个权利的义务，可能一部分是由自己履行的，而另一部分是由他人履行的。在这种情况下，权利和义务就不是"一对一"或者"一一对应"的关系，并不是说履行了义务就必须享受权利。

其次，我们还要看到权利与义务是有一个历史发展过程的。两者经历了一个从浑然一体到分裂对立，再到相对一致的过程。原始社会没有法律制度，权利义务浑然一体；随着阶级、国家和法律的出现，权利和义务相分离，两者在数量的分配上也不再平衡；到了社会主义阶段，开始实行"权利和义务相一致"的原则，进入"相对一致"阶段。简单地说，在古代，统治者制定的法律往往是重义务、轻权利的，强调被统治者义务多，而强调权利少。然而，在当今这个高度重视民主法制的社会中，法律制度更重视对个人权利的保护。

　　《宪法》规定的公民权利，罪犯是否都能享有并实现？是否应当实现？法律不禁止的行为，罪犯是否都有实施的自由？法律明明已经规定了，为什么有些权利却不能实现？这些疑问，可能许多罪犯曾经有过。要解答这些疑问，就有必要理解，在监狱这种特定的监禁环境当中，罪犯的权利义务与普通公民相比是具有特殊性的，这种特殊性表现在以下三个方面。

　　（1）罪犯的权利义务具有特定性。罪犯有些不同于普通公民的特定权利，这些特定权利是由罪犯的身份而产生的，如罪犯有不服判决的申诉权、获得减刑（假释）权、会见权、被释放的时候有获得刑满释放证明的权利等，这些权利，普通公民是没有的。

　　（2）罪犯的权利具有不完整性。罪犯的权利的不完整性表现在两个方面：一是某些权利被依法剥夺，不能享有；二是由于在监狱服刑，有些权利虽然未被剥夺，但是实际上不能享有。前者如被剥夺政治权利的罪犯，他们就不能享有选举权和被选举权。有的罪犯虽然没有被附加剥夺政治权利，但是其被选举权实际上处于停止行使状态。有一句法律谚语"法无禁止即可为"，意思是说，只要法律上没有明文禁止，就可以实践。有些罪犯以此来要求各种法律上没有明文禁止的权利，这实际上是很荒谬的。罪犯由于身份的特殊性，导致其权利具有不完整性，这是很浅显易懂的道理，法律不可能事无巨细都进行规定。

　　（3）罪犯的权利具有两重性。从普通公民的意义上说，教育和劳动既是权利又是义务；但是对于罪犯来说，教育和劳动更侧重于义务方面，更强调其强制性。这就是作为罪犯不同于普通公民的地方，罪犯的权利具有动态性。我国监狱实行"分级处遇"的管理办法，罪犯的考核奖惩与其处遇等级挂钩，改造表现好的就可以获得较高的处遇标准，就能获得更多的权利和自由。刑满释放，罪犯的权利和自由就能完全恢复。

四、正确行使权利，认真履行义务

正确理解权利义务的内涵，正确履行义务、行使权利，事关每个罪犯能否顺利、平安地度过自己的服刑生活。有些罪犯错误地理解了权利义务的关系，过分强调权利，却不积极履行义务；有些人则对一些不切实际的权利、自由充满幻想。这样做是不明智的，非但"梦想"不能实现，结果还往往导致自己不能安心服刑，影响了自己的改造前途。正所谓"世上本无事，庸人自扰之"。不恰当的认识会影响罪犯正确对待权利义务，给自己增添无尽的烦恼。那么，罪犯应当如何正确理解和对待权利义务呢？

首先，要摆正权利义务的关系，树立正确的权利义务观。当前监狱中出现的情况是，罪犯改造意识比较淡薄。换句话说，罪犯的义务观念比较淡漠，主张自己的权利则更加积极主动。应当肯定的是，主张权利是一种时代进步的表现，说明公众对自身权利越来越重视，也反映出社会公众法治意识在不断提高。但是，罪犯又必须认识到，权利义务是一枚硬币的两面，是一对孪生兄弟。"没有无义务的权利"，谁要是只想享受权利不想履行义务，那必然没有好结果。了解权利义务的含义，摆正权利义务的关系，还需要树立正确的权利义务观。在监狱中，有些罪犯不愿意履行劳动的义务，却片面主张休息权；有些罪犯肆意破坏监规纪律，却拿人格不受侮辱的权利做幌子。这些都是错误的权利义务观的具体表现。权利的越界，就是对法制的破坏，越界的"权利"不但不受法律的保护，还将受到惩罚。英国思想家洛克说："哪里没有法律，哪里就没有自由。"奢求没有法律的"权利"和"自由"，最终结果是权利和自由都会被葬送。有些罪犯不履行作为罪犯应有的义务，却一味主张权利，这种行为就会演变为无理取闹，情节严重的还可能触犯破坏监管秩序罪。

其次，要学会正确行使权利，防止权利的滥用，避免过度维权。在监狱生活中，罪犯在权利行使上有两种倾向：一是不会主张自己的正当权利，二是过度维权。有些罪犯习惯使用不正当的方式解决问题，在监狱服刑中遇到他人侵犯自己的权利时，他们不会使用合法手段去主张权利。许多人选择私了，使用不合法的手段来维护本来合法的权利，结果往往有理变没理，有的还铸成大错。正如前面所说，权利义务是法的核心内容，行使和维护权利必须依法进行，谁超越了法律的界限谁就将成为被否定的对象。使用不法手段保护权利的想法本身就是不正确的，这种做法是与法律精神背道而驰的。许多罪犯就是因为不知法、不懂法，不会使用法律武器保护自己的权利才犯罪入狱的，在监狱这种法治环境里绝不能再"目无法纪""无法无天"了。与不会行使和主张自己的权利相比，滥用权利和过度维权的情况则更为复杂。权利和义务都有明确的界限，都受一定社会经济、政治和文化的制约，并以社会的承受能力为限度。罪犯在行使或者主张自己的权利过程中，故意超越权利的界限，而损害他人的利益，便造成了权利的滥用。这表现为追求权利超过了法定的范围、不以正当的方式维护自己的利益、行使权利时牺牲他人的权利、把行使权利作为损害他人的手段等。而在维护自己的权利时，不恰当地将权利维护放大，超过了法定界限和基本的社会评判标准，出现了与监狱执法理念和自身义务不一致的情况，这就是过度维权。罪犯有获得减刑的权利，但是有些罪犯认为，只要计分考核达到了一定比例，基本符合"确有悔改表现"条件，就一定要减刑。他们忽视了法定的"可以"减刑的规定，将其片面理解为"必须"减刑，进而采取过激言行，同样属于过度维权。权利的滥用和过度维权都背离了法律的本意，不是对权利的维护，而是对权利的破坏。对此，罪犯应当有清醒的认识，并且坚决避免出现这样的行为。

20世纪90年代以来，监狱理论界有些学者在积极探讨罪犯的权利问题，这是可喜的进步。但是，人的基本权利不能成为一种借口或工具。任何时代、任何国家都没有绝对的权利，应当说权利是一种理想和追求，这一点在当今世界各国都是如此。罪犯是人，享有人的基本权利。《世界人权宣言》《囚犯待遇最低限度标准规则》当中都体现着这种精神。但是，罪犯又不是普通公民，保护罪犯的权利不能成为权利滥用的借口。中国学界对罪犯权利的一致认识是——"严不过人，宽不过囚"。

不存在超越阶级与时空的普遍权利，这些权利总是随着时代的步伐而演进，亦随个体素养的提升而增长。为了促进这一进程，贡献自己的一份力量，最佳途径在于避免侵犯他人的正当利益，并致力于不断提升自我修养。

思考题

1. 如何履行服刑改造的义务？
2. 如何正确行使自己的权利？

第二节 计分考核：量化改造的指标

随着时代的进步，法治的完善，社会上对公平正义的呼唤越来越迫切，公众对公平正义的渴望越来越强烈。作为刑罚执行机构，监狱在管理和改造过程中如何体现公平正义是关系每名罪犯及其家庭切身利益的大事。"公生明，廉生威"，办事公道，管理公正就有利于改造人、挽救人、造就人；反之，则对改造工作不利。出于这样的思考，司法部统一制定计分考核制度来管理罪犯。按照"日记载、周评议、月汇总"，考核过程透明、公开，考核结果和奖励挂钩，成为调动罪犯积极性的基本手段。服刑过程伴随考核和以考核为基础的奖惩，罪犯无时无刻不处于考核之中，从这个意义上说，服刑生活就像一场漫长的"考试"，能否递交让社会和自己满意的答卷，大部分在于罪犯个人的努力。

一、监狱计分考核背后的缘由

在日常工作中，许多人感到不公平：自己工作很努力，付出了很多，却得不到认可。这种状况不改变，一个单位就不会有好的风气。监狱的管理和改造工作也是同样的道理，罪犯的改造行为如何评价才能公正公平？才能使人心服口服？才能调动人的积极性？在这样的情况下，计分考核就更切合实际并在实践中被证明是行之有效的。

考核是指监狱按照一定的程序和标准，对罪犯在一定时期内服刑改造的表现进行的综合考察和评定，简而言之，就是监狱方面对罪犯表现的"考试"过程。《监狱法》第56条规定，监狱应当建立罪犯的日常考核制度，考核的结果作为对罪犯奖励和处罚的依据。从监狱一方看，服刑是执行刑罚的过程，其中涉及罪犯收监、释放、减刑、假释、暂予监外执行、又犯罪的处理，以及协助有关部门发现和纠正错误或漏判事项。这些刑罚执行任务的完成离不开严格、公正的考核。而对罪犯的考核奖惩直接关系罪犯减刑、假释、行政处罚、刑事处罚等，所以是罪犯关心的焦点。

在有些罪犯的眼中，监狱生活处处涉及考核奖惩，有点太不自由。其实，社会生活时时处处也都存在考核和奖惩，考核奖惩是激励人、塑造人的一种最基本和最普遍的手段。在企业或者单位里，一般采取奖勤罚懒的办法，至少保证多劳多得，这也是运用心理学原理激励职工努力工作。监狱也同样运用这个心理学原理，通过考核奖惩的办法来矫正罪犯的行为，重塑其人格，转变其世界观、人生观和价值观。该奖的奖，该罚的罚。要做到奖惩有据、师出有名、客观公正，那就必须科学地考核罪犯的服刑改造行为。因此，从一定意义上来说，服刑就是一场漫长的"考试"，成绩好的，就能早日自由，重获新生。成绩差的，不但不能如期出狱，还有可能被加刑。这正应了一句古语："福祸无门，惟人自召。"参加过考试的人都听说过一句话："临阵磨枪，不快也光。"考试前"开夜车"，临时突击有时可能会奏效，可能会勉强"过关"。但是要想考出好成绩，办法只有一个，平时下功夫，勤复习、多积累。罪犯一定要明白，在服刑这场漫长的"考试"中，突击绝不可能收到好的效果。因为监狱的考核和奖惩是按日进行的，罪犯在三大现场的活动都如实记录在案，"平时不烧香，临时抱佛脚"在这种情况下根本不起作用。因此，要想在考核中取得好成绩，罪犯必须一步一个脚印，一点一滴地积累。

除了平时的努力，还有一句话对参加"考试"的人也很有用——"知己知彼，百战不殆"。打仗要了解敌人的实力和特点，考试要在考前熟知出题的范围和题型。同样的道理，要想在监狱的考核中获得好成绩，获得奖励，也必须了解考核奖惩的相关规定。

二、锚定罪犯考核方向

说到考核，罪犯最关心的可能是考核什么？因为了解了考核哪些方面才能找到努力的方向，才能在改造生活中有的放矢地改进。应当承认，考核是全方位的，渗透于改造生活的始终和各个方面。但是，考核的主要方向还是有章可循的。根据相关制度，教育改造罪犯的主要目标是通过各种有效的途径和方法，教育罪犯认罪悔罪，自觉接受改造，增强法律意识和道德素养，掌握一定的文化知识和劳动技能，将其改造成为守法公民。而守法守规的罪犯是指能够认罪悔罪、遵守规范、接受教育、积极劳动，在服刑期间没有受到警告、记过、禁闭处分的罪犯。罪犯计分考核的主要内容就是围绕以下四个方面展开的。

第一，认罪悔罪。认罪悔罪是改过自新的第一步，也是最能体现罪犯转变的指标。因此，对罪犯的改造表现进行考核，首先考核认罪悔罪表现。罪犯认罪悔罪的标准是承认犯罪事实，认清犯罪危害，对自己的犯罪行为表示悔恨，服从法院判决，不无理缠诉。对照这个标准检查一下，每个罪犯都会找到自己努力的方向。

第二，遵守规范。违法犯罪是对社会规范的严重破坏，为了重建规范意识，必须对罪犯遵守规范的表现进行考核。遵守规范具体表现为遵守法律法规，遵守罪犯基本规范、生活规范、学习规范、劳动规范、文明礼貌规范。遵守规范一方面表现为对各项规范的遵守，另一方面表现为对监狱人民警察管理的服从。监狱人民警察对罪犯的管理都是依照法律法规进行的，所以服从管理也就是遵守规范，遵守规范也就能主动服从管理。在实际考核时，有的监狱也将这项指标表述为服从管理。

第三，接受教育。无知容易鲁莽犯错，而学习则可以让人变得谦逊、文明和理性。从小处说，学习知识、接受教育可以开阔视野，使人知书达理、明辨是非；从大处说，学习可以改变世界观、人生观、价值观。总之，知识能塑造人的性格。所以罪犯接受改造实际上就是在接受教育，能否认真学习，是一项重要的考核内容。罪犯认真学习表现为积极接受思想、文化、职业技术等教育，遵守学习

文化讲堂

贫者因书而富，富者因书而贵。

——（宋）王安石

纪律，学习成绩达到要求。在监狱中，罪犯的学习主要是通过参加各种教育活动实现的，因此，在实践中，这种认真学习的行为有时也被称为接受教育。

第四，积极劳动。通过劳动改造人是中国监狱工作的特色之一，劳动可以缓解压力、调节身心、增强体质，罪犯获得劳动报酬还可以赔偿受害人、建立回归社会储备金、增强个人的自信心。因此罪犯的劳动表现是监狱考核的重点之一，其要点是积极参加劳动，遵守劳动纪律，服从生产管理和技术指导，掌握基本劳动技能，严格遵守操作规程，保证劳动质量，完成劳动任务。

△ 某监狱将听证形式引入计分考核中

根据司法部《监狱计分考核罪犯工作规定》，将上述内容每天考核，"监管改造""教育和文化改造""劳动改造"分别占不同的分值，罪犯每天的考核分数就是由这三个方面构成的。根据相关的法规，罪犯的计分考核实行"日记载、周评议、月汇总"制度。

监狱对罪犯的计分考核工作坚持公开、公平、公正的原则，以及人民警察直接考核和集体评议相结合的原则。所谓公开，是指计分考核的过程和结果公开透明，让罪犯"知其然"也"知其所以然"。根据计分考核相关规定，监狱各监区应设置计分考核公示栏，公示罪犯月得分、加扣分、等级评定结果等项目，罪犯对加分、扣分、每月得分和等级评定结果有异议的，可以自监区管教民警作出决定或者公示之日起3个工作日内向计分考核工作小组提出书面复查申请。本人书写确有困难的，可由他人代为书写，本人签名、按指印予以确认。公平就是计分考核要人人平等，一视同仁，没有偏私。所谓公正就是要在考核中以事实为依据，以法律和相关监管法规为准绳。考核权是行刑权的一部分，对罪犯进行考核是监狱人民警察在监狱授权下行使考核权的过程，为了体现公开、公平、公正，保证计分考核的质量，监狱人民警察可以在学习、劳动、生活三大现场管理监督、考核记载。

为确保罪犯计分考核制度的有效实施，监狱管理部门要求各监狱成立计分考核工作组，负责计分考核罪犯工作，保证计分考核工作的严肃性及公正性，杜绝越权审批、徇私舞弊的可能性。

计分考核制度通过明确的奖惩机制，使罪犯在服刑期间能够自觉遵守监规纪律，减少违规行为的发生。这有助于维护监狱的监管秩序，为罪犯创造一个良好的改造环境。

三、获取考核果实的凭证

罪犯考核积分达到一定分数，且考核期内每部分考核得分不低于其基础分60%的，经监区计分考核奖励小组审查，报监狱计分考核奖励工作领导小组批准后，给予一次表扬；任何一部分考核得分低于其基础分60%的，仅给予物质奖励。

专项加分只作为基数，不作为计算基础分60%的基数。考核期内受到警告以上处罚的罪犯、终身监禁的罪犯、处于死刑缓期二年执行期间的罪犯，以及其他符合规定的罪犯，考核积分达到一定分数的，仅给予物质奖励。

因受剩余刑期、减刑间隔等因素的影响，不能作为提请减刑、假释依据的表扬奖励，经罪犯本人申请，监区计分考核奖励小组集体评议后，可以兑现为物质奖励。

在监狱执法实践中，罪犯有下列情形之一的，可以给予单项物质奖励：在发生自然灾害、公共卫生等突发事件或他犯违法违纪行为时，主动采取措施或及时报告的；在监狱组织的各类竞赛、评比活动中取得名次的；获得监狱级优秀 QC 小组称号的；担任语言翻译、手语翻译，表现较好的；从事看护等岗位，表现突出的；其他可以给予单项物质奖励的情形。

给予罪犯单项物质奖励的，监区填写罪犯单项物质奖励审批表，报监狱考核办审核，主管副监狱长审批。物质奖励分为现金和实物奖励。现金存入罪犯个人账户；实物可以通过日用品、食品、学习用品等形式发放。给予表扬或者物质奖励的，从罪犯考核积分中扣除，剩余积分转入下一考核周期。

对于罪犯来说，在计分考核的"考试"中保持积极的心态也有助于"考"出好成绩。所谓积极的心态，就是要"从不自由中获得自由"。什么是"从不自由中获得自由"呢？计分考核是把罪犯在"三大现场"的活动量化为分数，一举一动、一言一行都在考核的范围内。这看似不自由，但是如果能够把握考核的标准，积极面对，就能从"不自由"中发现"自由"。孔子有一段话："吾十有五而志于学，三十而立，四十而不惑，五十而知天命，六十而耳顺，七十而从心所欲，不逾矩。"（《论语·为政》）这是孔子对自己一生心路历程的总结，其中的很多说法，如三十而立、四十不惑，已经成为固定的表达。"七十而从心所欲，不逾矩"是说七十岁的时候，可以随心所欲地做事，但是不超过规范的限制。在规范之内随心所欲，就是"从不自由中获得自由"。没有绝对的自由，自由都是有限度的。罪犯能做到在规范允许的范围内自由行事，就把握了自己的命运，就获得了"自由"。

思考题

1. 计分考核主要考核罪犯改造的哪些方面？
2. 如何改造才能考出好成绩？

第三节　分级处遇：差异化的管理

《监狱法》第 39 条第 2 款规定："监狱根据罪犯的犯罪类型、刑罚种类、刑期、改造表现等情况，对罪犯实行分别关押，采取不同方式管理。"其中，"不同方式管理"就包括分级处遇。罪犯分级处遇是根据罪犯现实表现，将罪犯分成不同的管理等级，并在活动范围、会见通信、狱内消费、关押条件等方面给予不同的处遇。这种分级处遇通常分为四个等级，即"严管级、考察级、普管级、宽管级"。以北京为例，现行的分级处遇标准如下：

一、严管级

严管级处遇主要适用于那些具有严重犯罪性质和情节或现实表现差，被认为具有高度危险性和改造难度的罪犯。对于此类罪犯，监狱采取严格的管理和强制性措施，旨在有效控制其行为，预防再次犯罪。在严管级处遇下，罪犯的活动区域受到严格限制，可能被调入严管监区或高度戒备监区关押，同时劳动岗位和工种也受到严格限制。在会见通信方面，虽然按规定进行，但原则上不得增加会见、通话次数或延长会见、通话时间。此外，罪犯的狱内消费限额也受到严格控制，每月不得超过 100 元，即使使用劳动报酬消费，最高限额也不得超过 150 元。在严管期间，罪犯的大部分时间将用于接受思想文化、监规纪律、行为养成教育以及心理矫治，并按要求书写认罪悔罪材料，以期通过严格的管理和教育措施，促进其改造和转化。

二、考察级

考察级处遇主要针对特定情形下的罪犯，包括入监服刑未满 3 个月、前 3 个月累计扣分较多、考核分低于基础分一定比例、严管级罪犯考核分提升至一定水平、普管级和宽管级罪犯受到警告或记过处罚、处在死刑缓期执行期间、暂予监外执行情形消失被收监执行等。此级别旨在通过更为严格的管理和观察，帮助罪犯调整改造态度，提高改造效果。考察级罪犯在监区关押期间，其劳动岗位受到严格限制，按规定进行会见通信。每月罪犯狱内消费限额不超过 200 元，使用劳动报酬消费可以超过狱内消费限额，但最高不得超过 300 元。罪犯可以参加监区组织的文体活动，但不得选择文体项目。针对这类罪犯，监狱将采取针对性的管理和教育措施，以促进其积极转变。同时，根据罪犯的具体表现和改造进展，考察级处遇也会进行相应调整，以确保改造工作的针对性和有效性。这一级别的设定，是监狱管理中对罪犯进行个别化、差异化处遇的重要体现。

三、普管级

普管级处遇是针对犯罪性质和情节相对较轻，但仍存在某些问题和不良行为的罪犯所设立的。此级别罪犯在普通监区关押，并接受常规的管理和教育，旨在促进其改造，防止再次犯罪。在普管级处遇下，罪犯享有相对宽松的会见通信政策，每次会见时间可延长 15 分钟，每月通话次数可增加 1 次，通话时间也可延长 5 分钟。狱内消费限额为每月不超过 300 元，但使用劳动报酬或物质奖励进行消费时，限额可适当提高。此外，罪犯可以参加监狱或监区组织的文体、娱乐活动，虽不能自由选择项目，但娱乐时间和户外活动时间可适当延长。监狱可以每月给予 1 次奖励餐饮，并在刑满释放前根据罪犯的改造表现给予相应物质奖励。

四、宽管级

宽管级处遇适用于具有良好改造表现且积极配合管理的罪犯，他们在普通监区关押，并有机会调入条件更优越的监舍或宽管监区。此级别罪犯可享受多项宽松政策，如参加监狱组织的社会参观、文体娱乐活动，并可优先选择项目和延长活动时间。他们还可以申请离监探亲，优先参与亲情帮教。在会见通信方面，他们也享受更加灵活的待遇，包括面对面会见、亲情会餐，且会见和通话次数、时间均有所增加。狱内消费限额提高至每月500元，使用劳动报酬消费限额更高，同时可以每周奖励餐饮和获得刑满前的物质奖励。这些宽松措施旨在激励罪犯积极改造和自我约束，促进其更好地融入社会。

罪犯分级处遇制度的目的在于，通过对不同等级罪犯实施不同的管理和教育措施，提高改造效果，减少再次犯罪的可能性，从而增强社会效益。这一制度体现了监狱对罪犯实行惩罚和改造相结合、教育和劳动相结合的原则，致力于将罪犯改造成为守法公民。分级处遇具体标准还将根据社会经济发展状况、当前形势政策，以及监狱工作实际进行动态调整，具体情况以监狱制度宣讲为准。

思考题

如何改造才能提高处遇级别？

第四节　惩戒处罚：违规违纪的后果

惩罚主要包括违规违纪处罚和刑事处罚（服刑期间又犯新罪）。

一、违规违纪处罚的警示

监狱对违反监规纪律的罪犯有三种处罚措施，分别是警告、记过和禁闭。根据《监狱法》第58条的规定，罪犯有下列破坏监管秩序情形之一的，监狱可以给予警告、记过或者禁闭：

（1）聚众哄闹监狱，扰乱正常秩序的；

（2）辱骂或者殴打人民警察的；

（3）欺压其他罪犯的；

（4）偷窃、赌博、打架斗殴、寻衅滋事的；

（5）有劳动能力拒不参加劳动或者消极怠工，经教育不改的；

（6）以自伤、自残手段逃避劳动的；

（7）在生产劳动中故意违反操作规程，或者有意损坏生产工具的；

（8）有违反监规纪律的其他行为的。

从行政处罚的种类中，我们可以看出，警告旨在通过口头或书面形式告知罪犯其行为已违反监规纪律，并要求其立即改正。同时，将被记录在案，作为后续考核的依据。例如，散布反改造言论、态度不端正、未按时完成任务等。记过是一种比警告更为严厉的行政处罚，将罪犯的违规行为记录在案，并对其进行相应的扣分或降低考核等级。例如，辱骂、殴打其他罪犯，或偷窃、赌博等。记过处罚会直接影响罪犯的减刑、假释等权益。根据司法部相关规定，罪犯受到记过处罚的，会扣减一定的考核分，进而影响其获得表扬奖励和减刑的机会。罪犯受到警告、记过、禁闭处罚的，一般予以严管教育。受警告处罚的罪犯，严管教育时间为 2 个月，受记过处罚的，严管教育时间为 4 个月，受禁闭处罚的罪犯，严管教育时间为 6 个月。

【延伸阅读】

违反监规纪律必将受到相应处罚

私藏违禁品：罪犯王某，在监狱服刑期间私藏手机，利用手机与外界联系。被发现后，王某受到了禁闭的处罚，并被没收私藏物品。

消极怠工：罪犯张某，因对判决不满，在劳动改造中消极怠工，多次故意破坏生产工具，影响生产进度。监狱根据监规，对张某给予警告的处罚。

散布反改造言论：罪犯李某，在监狱中多次散布反改造言论，煽动其他罪犯对抗改造。监狱经过调查核实后，对李某进行记过的处罚。

辱骂殴打他犯：罪犯宋某某，在收工过程中与另一罪犯朱某某因琐事发生矛盾，随后拳击朱某某面部，致其轻伤。宋某某被当场查获后如实供述了自己的犯罪事实，除承担民事赔偿责任外，还因故意伤害罪被加刑，并受到了禁闭的处罚。

吞食异物：罪犯张某，企图逃避劳动改造，在车间劳作时，趁监管人员不注意，将一枚小螺丝钉吞下，后经紧急救治取出，因其蓄意扰乱监管秩序，被给予禁闭的处罚，张某也认识到错误的严重性。

自伤自残：罪犯李某在狱内服刑期间，因对自身判决心怀不满，用碎玻璃划伤自己手臂，民警迅速处置并救治。李某的行为严重违反监规，经教育后仍不知悔改，最终受到禁闭处罚。

不服从管理：罪犯王某性格执拗，在狱内组织学习活动时，拒不听从民警指挥，大声喧哗、推搡他人。其不服从管理的行为扰乱了正常秩序，监狱依法对王某作出记过的处罚，以维护狱内的规范管理。

伪装疾病：罪犯赵某，为了获得特殊照顾，假装腹痛难忍，卧床不起，但经医生详细检查未发现病症。赵某的伪装行为被识破后，因其试图欺骗监管人员、破坏监管秩序，受到了禁闭处罚。

二、狱内又犯罪的处理

罪犯在狱内本应接受改造、反思罪行，若再次犯罪，无疑是对法律威严的公然挑衅，因此必将受到严厉的刑事处罚。首先，狱内有严格的监管制度保障服刑秩序，罪犯再次犯罪破坏了这一秩序，影响恶劣。其次，这表明其改造态度恶劣，毫无悔过之意，主观恶性极大。当发生狱内又犯罪情况时，司法机关会依据新的犯罪事实、情节及相关法律规定，重新进行立案、侦查、起诉和审判等一系列司法程序。根据新罪的严重程度，按照数罪并罚原则，将新罪刑罚与原判未执行完的刑罚合并执行，从而使其面临更长时间的监禁。这一做法旨在彰显法律的公正与严肃，维护监狱的安全稳定及社会的公序良俗。

【延伸阅读】

法律绝不姑息狱内又犯罪

案例一：狱中袭警，付出沉重的刑事代价。罪犯赵某，因抢劫罪正在服刑。某日，在监狱操场进行集体活动时，赵某因不满监管民警对其队列动作的纠正，突然情绪失控，挥拳冲向民警，对民警头部、胸部等部位进行殴打，致使民警多处受伤。

赵某的这种行为已构成袭警罪。监狱迅速采取措施控制住赵某，并展开全面调查取证。随后，司法机关依法对赵某的新罪进行立案、审理。鉴于赵某在服刑期间竟敢公然袭警，性质极为恶劣，法院最终判处赵某有期徒刑4年。此刑期将与赵某原判抢劫罪未执行完毕的刑期按照数罪并罚原则合并执行，赵某也因自己的冲动行为面临更为严厉的惩处。

案例二：狱中谋脱逃，罪犯必受刑事严惩。罪犯陈某，因故意伤害罪在监狱服刑。某日，陈某趁监狱在进行设施维护、安保力量临时调配出现短暂薄弱之机，经过事先的谋划，他翻越监狱围墙附近的一处未完工的隔离设施，企图逃离监狱。监狱的监控系统及时发现异常，巡逻民警迅速出动将其抓获。陈某的行为已构成脱逃罪。监狱立即对事件进行深入调查，司法机关随后依法对陈某的新罪进行起诉、审理。鉴于脱逃罪的严重性，法院判处陈某有期徒刑5年。此刑期将与陈某原判故意伤害罪未执行完毕的刑期按照数罪并罚原则合并执行，陈某的脱逃企图最终以失败告终，且面临更为严苛的刑罚。

上述案件介绍了罪犯在服刑期间再犯罪被追究刑事责任的过程和结果。

《刑法》第315条破坏监管秩序罪明确指出，依法被关押的罪犯，有下列破坏监管秩序行为之一，情节严重的，处3年以下有期徒刑：

（1）殴打监管人员的；

（2）组织其他被监管人破坏监管秩序的；

（3）聚众闹事，扰乱正常监管秩序的；

（4）殴打、体罚或者指使他人殴打、体罚其他被监管人的。

依法被关押的犯罪分子，在为首分子的组织、策划、指挥下，有组织、有计划地以非暴动方式越狱逃跑的，将构成组织越狱罪。罪犯有组织地越狱，严重危害监管秩序，属于罪犯在服刑改造期间比较严重的又犯罪，依法应从重处罚。例如，郑某、吴某、龙某、郭某、梁某在同一监区服刑。郑某向吴某提出具体的越狱方法，后因觉得该方法无法操作，郑某又向吴某提出纠集同监区罪犯，用监区劳动工具作武器，暴力劫持监狱民警作为人质乘机逃离监狱。继而，郑某、吴某多次拉拢和煽动龙某、郭某、梁某等同监区的罪犯越狱。后来因吴某与郭某产生矛盾，暴露了越狱计划，被监狱查获。法院审理后认为，郑某、吴某密谋越狱，并企图纠集他人参与，为越狱制造条件，其行为均已构成组织越狱罪。

当罪犯在狱内故意伤害他人时，其行为不仅违反了监规，更触犯了刑法。罪犯李某因琐事与同监舍的王某发生争执，情绪失控下用拳头猛击王某面部，导致其鼻梁骨骨折，构成轻伤。最终，李某因在狱内犯故意伤害罪被依法提起公诉。法院审理后认为，李某的行为已构成故意伤害罪，依法判处其有期徒刑1年，并与前罪未执行完毕的刑罚合并执行。

如果罪犯在狱内出现诈骗情况，不仅违反了监规，更是对法律的公然蔑视和挑战。罪犯张某在服刑期间，利用同监舍罪犯的信任，编造虚假事实进行诈骗，骗取了大量财物。最终，张某因在狱内犯诈骗罪被依法提起公诉。法院审理后认为，张某的行为已构成诈骗罪，依法判处其有期徒刑2年，并与前罪未执行完毕的刑罚合并执行。

服刑期间，罪犯罗某在会见室与其家属会见过程中情绪激动，并辱骂家属。民警对其行为进行劝导提醒时，罗某突然暴力袭击民警，造成民警受伤。最终，法院对其前罪刑罚尚未执行完毕又犯新罪的情况，实行数罪并罚，决定执行有期徒刑10年2个月。《刑法》第277条对妨害公务罪、袭警罪作出规定：以暴力、威胁方法阻碍国家机关工作人员依法执行职务的，处3年以下有期徒刑、拘役、管制或者罚金。暴力袭击正在依法执行职务的人民警察的，处3年以下有期徒刑、拘役或者管制；使用枪支、管制刀具，或者以驾驶机动车撞击等手段，严重危及其人身安全的，处3年以上7年以下有期徒刑。因此，罪犯在服刑期间应严格遵守监规纪律，尊重民警的执法权威。任何暴力袭击正在依法执行公务的人民警察的行为，都将受到法律的严厉制裁。

自由是靠自己努力争取得来的，不是被动地等来的。畅销书《谁动了我的奶酪》把人生比作"迷宫"，每个人都在其中寻找各自的"奶酪"，如稳定的工作、健康的身心、和谐的人际关系、甜蜜美满的爱情，或是令人充满想象的财富。奶酪代表了利益，每个人的奶酪都是靠他自己去发现和看护的，罪犯最大的奶酪就是计分考核当中的得分。得分和奖励挂钩，和自由关联。如果你没有找到你的奶酪，那么你要努力去寻找；如果你找到了，那么你要小心保护好你的奶酪。在历史上的刑事古典学派——认为犯罪原因全凭个人的自由意志，你想犯罪就犯罪，你不想犯罪就可以不犯罪。在犯罪问题上，这种观点或许不太正确，因为导致犯罪的原

因很多，仅强调自由意志肯定是不全面的。但是，在罪犯改造方面，改造表现的好坏主要取决于个人，这是一个不争的事实。孔子说："求仁而得仁，又何怨。"一个人要想求进步，求道德上的提升，就一定能够达到目的。中国古代有"三不朽"之说，是指"立德"、"立功"和"立言"。哲学家冯友兰说，在这"三不朽"当中，唯有"立德"是通过个人努力能实现的，而"立功"需要机遇，"立言"需要天赋，都不是个人努力所能求得的。在监狱中，罪犯要进步，要改造，都可以通过努力实现，这与"立德"的道理相契合，都强调了个人努力和自我修养的重要性。

思考题

1. 违规违纪处罚的警示是什么？

2. 结合改造生活，谈谈如何避免违规违纪行为的发生？

第五节　减刑假释：积极改造的激励

日本电影《幸福的黄手帕》给人们留下了深刻的印象。勇作是一个性格倔强的煤矿工人，因失手打死一名寻衅滋事的流氓而被判刑入狱。出狱前，勇作给他的妻子光枝写了一封信，告诉她自己即将出狱的消息。勇作在信中和光枝约定：如果她还是一个人并且还在等着他，那就在家门前的旗杆上挂上一块黄手帕。如果没有黄手帕，他将永远离开。在回家的路上，勇作的内心十分忐忑，他一面想早点见到光枝，一面又担心见不到黄手帕。他甚至一度想要放弃回家的念头，一走了之。在路遇的两位年轻人的鼓励下，勇作终于回到了家，迎接他的是旗杆上挂满的迎风招展的黄手帕。

△ 高仓健主演的电影《幸福的黄手帕》海报

在每个罪犯的心中，都有属于自己的那块"幸福的黄手帕"，如何才能早一天看到并获得这块"幸福的黄手帕"呢？除了刑满释放，减刑和假释制度使罪犯离这块"幸福的黄手帕"更近了。那么减刑和假释到底是一种什么样的制度，如何才能获得减刑和假释呢？这一节我们就对此进行简单的介绍。

匈牙利诗人裴多菲有一首广为传颂的诗："生命诚可贵，爱情价更高。若为自由故，二者皆可抛。"在诗人看来，自由比生命和爱情更加宝贵。对于自由，普通人可能不会有真切的体会，因为每天都生活在自由之中。而在监狱服刑的人可能对自由的感受更为深刻，渴望更为迫切。对于罪犯来说，服刑的日子越短越好，越早一天呼吸到自由的空气越好。在监狱刑罚实践中，最能激励罪犯的政策和制度莫过于减刑了，罪犯最关心的问题也是减刑问题。

对于罪犯而言，减刑和假释是其在狱中积极表现、真诚悔改的实质回馈。这一制度的实施，旨在激励罪犯通过实际行动证明自身的转变。按照服刑改造的既定标准，罪犯需全力完成改造任务，以此赢得奖励，进而获得减刑或假释的宝贵机会。在减刑和假释的过程中，我们首先要明确，减刑和假释并非罪犯的固有权利，而是法律对改造良好、确有悔改表现的罪犯的一种激励措施。这种措施旨在鼓励罪犯积极改造，回归社会，而不是一种理所当然的回报。罪犯必须认识到，减刑和假释是基于公正及法律的严格标准来决定的。它们不是简单的交易，也不是通过不正当手段可以获得的特权。任何试图通过托关系、行贿或其他非法手段来获得减刑或假释的行为，都是对法律的蔑视，不仅不会成功，还会加重自己的刑罚。正确的改造态度应该是真诚悔改，积极参加教育和劳动，以实际行动证明自己的转变。罪犯应该摒弃功利性改造的错误思想，不应将减刑和假释看作改造的目的，而应将其视为改造过程中可能获得的正面激励。因此，罪犯应该以正常的眼光看待减刑和假释，不要抱有侥幸心理。大家应该明白，只有通过合法、正当的途径，展现出真正的悔改和进步，才有可能获得法律的宽恕和社会的接纳。任何试图走捷径的行为，最终只会徒劳无功，甚至适得其反。

一、减刑的规定

《刑法》第 78 条规定，"被判处管制、拘役、有期徒刑、无期徒刑的犯罪分子，在执行期间，如果认真遵守监规，接受教育改造，确有悔改表现的，或者有立功表现的，可以减刑"。需要注意的是，这条规定中的减刑指的是监狱中被判处有期徒刑和无期徒刑这两类罪犯的减刑。《刑法》第 50 条规定，判处死刑缓期执行的，在死刑缓期执行期间，如果没有故意犯罪，2 年期满以后，减为无期徒刑；如果确有重大立功表现，2 年期满以后，减为 25 年有期徒刑；如果故意犯罪，情节恶劣的，报请最高人民法院核准后执行死刑；对于故意犯罪未执行死刑的，死刑缓期执行的期间重新计算，并报最高人民法院备案。对被判处死刑缓期执行的累犯以及因故意杀人、强奸、抢劫、绑架、放火、爆炸、投放危险物质或者有组织的暴力性犯罪被判处死刑缓期执行的犯罪分子，人民法院根据犯罪情节等情况可以同时决定对其限制减刑。

在明白了减刑的性质之后，罪犯最想知道的可能是谁能减刑，怎么样表现才能减刑。前面已经说过，《刑法》第 78 条和《监狱法》第 29 条只规定了有期徒刑、无期徒刑罪犯"确有悔改表现"或者"立功表现"的减刑问题，对于死刑缓期执行罪犯事实上也存在减刑。减刑的根据是"确有悔改表现"或者"立功表现"，重在对服刑改造期间表现的考察。因此，罪犯要树立信心，只要努力，都有可能争取到减刑的机会。

接下来的问题是，如何表现才能获得减刑呢。这就涉及减刑的条件问题了。也就是符合什么条件的罪犯才能减刑。减刑的条件分为两种情况：一是"可以"减刑，二是"应当"减刑。根据《刑法》第 78 条和《监狱法》第 29 条的规定，"可以"减刑的条件是"确有悔改表现或者有立功表现"。"确有悔改表现"是指同时具备以下四个方面情形：

（1）认罪悔罪；

（2）认真遵守法律法规及监规，接受教育改造；

（3）积极参加思想、文化、职业技术教育；

（4）积极参加劳动，努力完成劳动任务。

对职务犯罪、破坏金融管理秩序和金融诈骗犯罪、组织（领导、参加、包庇、纵容）黑社会性质组织犯罪等罪犯，不积极退赃、协助追缴赃款赃物、赔偿损失，或者服刑期间利用个人影响力和社会关系等不正当手段意图获得减刑、假释的，不认定其确有悔改表现。

而所谓"立功"表现，是指具有下列情形之一：

（1）犯罪分子到案后有检举、揭发他人犯罪行为，包括共同犯罪案件中的犯罪分子揭发同案犯共同犯罪以外的其他犯罪，经查证属实的；

（2）提供侦破其他案件的重要线索，经查证属实的；

（3）阻止他人犯罪活动的；

（4）协助司法机关抓捕其他犯罪嫌疑人的（包括同案犯）；

（5）具有其他有利于国家和社会的突出表现的。

《监狱法》第29条除了规定减刑的条件，还有一句话，"根据监狱考核的结果"，可见考核奖惩与减刑的关系是十分密切的。

"应当"减刑的条件是"有重大立功表现"。根据《刑法》和《监狱法》的规定，罪犯具备以下六个方面条件的任何一种表现，就视为"有重大立功表现"，"必须"对其作出减刑处理。

（1）阻止他人重大犯罪活动的；

（2）检举监狱内外重大犯罪活动，经查证属实的；

（3）有发明创造或者重大技术革新的；

（4）在日常生产、生活中舍己救人的；

（5）在抗御自然灾害或者排除重大事故中，有突出表现的；

（6）对国家和社会有其他重大贡献的。

减刑是为了激励罪犯好好改造，但是不管是刑种还是刑期的变更，都客观上与原判的刑罚有了差别。虽然这样做有利于鼓励罪犯积极改造，但是对社会、对受害人来说又有一定程度的不公，也可能不利于威慑那些意欲犯罪的人。同时，这样做也违背了罪刑相适应的刑法原则，不利于维护法院判决的严肃性。因此，减刑也要有一个必要的限度。就是说，不能因为表现好就给罪犯无限制地减轻刑罚。

首先，减刑作为一项严肃的执法活动，必须根据法定条件和程序进行，监狱只能向人民法院提请减刑的建议，最终能否减刑要由人民法院裁定。其次，监狱当前普遍实行狱务公开，提请减刑、假释等相关规定、计分考核的过程和结果都是透明的，各项奖励都是在"四公开"的原则下层层评议出来的。监狱办理的减刑案件，简单地说，一是要经过监区管班民警提名，全体民警集体评议；二是经监狱刑罚执行部门审核，监狱提请减刑假释评审委员会集体评审；三是由监狱长办公会集体审批同意，最后报请具有审理权限的人民法院审理裁定。

二、假释：限制的自由

△ 法官到监区召开减刑宣告大会

减刑是对刑罚的减轻，表现为刑期的缩短，但获得减刑的罪犯仍需在高墙内服刑。假释就有所不同了，获得假释的罪犯，虽然不等于刑满释放，但可以走出高墙，提前回到社会。简单地说，假释是给予正在服刑的罪犯附条件提前释放的一种刑罚执行制度。也就是说，罪犯虽然被释放了，但附加一定条件。这个条件就是罪犯在假释考验期内不得违法犯罪，也不得有违反假释监督管理规定的行为。具体来说，假释是对判处有期徒刑、无期徒刑的罪犯，在执行一定刑期之后，如果确有悔改表现，没有再犯罪的危险的，经人民法院裁定，有条件地予以提前释放的刑罚执行制度。从这个解释可以看出，假释是"有条件的释放"，就像监狱给罪犯"放假"一样，并不是刑罚执行完毕了。如果被假释的罪犯，在假释考验期限内，有违反法律、行政法规或者国务院有关部门关于假释的监督管理规定的行为，尚未构成新的犯罪的，应当依照法定程序撤销假释，收监执行未执行完毕的刑期。

与减刑相比，假释的条件日益严格，执法机关在办理假释案件时也更为谨慎。其实这里还有一层原因：本应在监狱监禁执行刑罚的罪犯，却在社会上"服刑"，不明就里的群众会认为他"无罪释放"了。而有的罪犯又具有一定人身危险性，所以社会公众对假释也会有怀疑的态度，执法机关办理假释案件时会考虑公众的接受程度。

那么什么样的罪犯可以假释呢？是不是像减刑一样，适合所有罪犯呢？假释更加严格，条件更高。严格的特点表现在假释的适用对象上，法律规定只有被判处有期徒刑或无期徒刑的罪犯才适用假释。对于累犯以及因故意杀人、强奸、抢劫、绑架、放火、爆炸、投放危险物质或者有组织的暴力型犯罪被判处 10 年以上有期徒刑、无期徒刑的犯罪分子，不得假释。

但这里也有一个需要注意的地方，为了贯彻对未成年罪犯教育、感化、挽救的方针，对未成年罪犯在假释的掌握标准上可比照成年罪犯适度放宽。而对于罪行严重的危害国家安全罪的罪犯，犯罪集团的首要分子、主犯，惯犯的假释，主要是根据他们的改造表现，同时也要考虑原判的情况，应当特别慎重，严格掌握。当严则严，该宽则宽，正是宽严相济的刑事政策在假释执行上的体现。

那么一个被判处有期徒刑、无期徒刑的罪犯，符合什么条件才能假释呢？根据法律的相关规定，罪犯适用假释的实质条件或关键性的条件是认真遵守监规，接受教育改造，确有悔改表现，没有再犯罪的危险的。那么怎样才算"确有悔改表现"呢？也要符合办理减刑案件时的四个条件，即认罪悔罪；认真遵守法律法规及监规，接受教育改造；积极参加思想、文化、职业技术教育；积极参加劳动，努力完成劳动任务。而"没有再犯罪的危险"，除符合《刑法》第 81 条规定的情形外，还应根据犯罪的具体情节、原判刑罚情况，在刑罚执行中的一贯表现，以及年龄、身体状况、性格特征，假释后生活来源和监管条件等因素综合考虑。

减刑有一个起始时间问题，假释也存在一个服刑多久可以假释的问题。《刑法》第81条规定，"被判处有期徒刑的犯罪分子，执行原判刑期二分之一以上，被判处无期徒刑的犯罪分子，实际执行十三年以上，如果认真遵守监规，接受教育改造，确有悔改表现，没有再犯罪的危险的，可以假释"。假释之后，罪犯虽然回到社会上，但其仍然在服刑，只不过服刑的地点变了，相较于监狱的罪犯更加自由了一些。一个被判有期徒刑8年的罪犯，服刑5年后被假释，那么剩余3年就要在社会上服刑，这3年称为假释考验期限。有期徒刑和无期徒刑的假释考验期限不同，《刑法》第83条规定："有期徒刑的假释考验期限，为没有执行完毕的刑期；无期徒刑的假释考验期限为十年。假释考验期限，从假释之日起计算。"

《刑法》第79条规定，"对于犯罪分子的减刑，由执行机关向中级以上人民法院提出减刑建议书。人民法院应当组成合议庭进行审理，对确有悔改或者立功事实的，裁定予以减刑"。《刑法》第82条规定，非经法定程序不得假释。

对于被假释的犯罪分子的监督与矫治，我国的法律规定有一个不断发展与完善的过程。《刑法》（2009年修正）第85条规定，"被假释的犯罪分子，在假释考验期限内，由公安机关予以监督"。随后，《刑法修正案（八）》对《刑法》（2009年修正）第85条进行了修改，规定对被假释的犯罪分子，在假释考验期内，依法实行社区矫正。2020年，全国人民代表大会常务委员会制定了《社区矫正法》，把包括假释在内的四种类型罪犯列为社区矫正对象。《社区矫正法实施办法》对此作出具体规定，由司法机关会同公安机关搞好对社区罪犯的监督考察，组织协调对社区罪犯的教育改造和帮助工作。因此，社区矫正工作得以正式进入刑事法律体系。

根据相关规定的要求，处于假释考验期的罪犯要遵守法律、行政法规和社区矫正有关规定，服从监督管理；定期到司法所报告自己的活动情况；遵守关于会客的规定；离开居住的市、县或者迁居，应当报告司法所，并经县级公安机关批准。可见，与以往相比，假释纳入社区矫正之后在管理上更为规范。相信随着社区矫正的逐步推进，假释适用会不断增加，这对于罪犯适应社会更为有利，同时也可以缓解监狱的关押压力，节约刑罚资源。

关于减刑、假释，还有两个问题罪犯可能也很关心，一个是假释以后还能不能减刑，另一个是减刑以后还能不能假释。根据相关规定，除有特殊情况，经假释的罪犯一般不得减刑，其假释考验期也不能缩短。罪犯经过一次或多次减刑后，只要符合假释条件，是可以假释的。但是，减刑后又假释的间隔时间，一般为一年，对一次减去二年有期徒刑，后又适用假释的，其间隔时间不得少于二年。

事实上，政策、标准都是一致的，对每个人都是公平的，但在实践中表现在不同罪犯身上会出现不同的结果。北京某监狱的罪犯张某因故意伤害罪被判刑 7 年，他入狱后怀着我行我素的狭隘心理看待现实，把民警的关心和爱护当成包袱，甚至当成讨价还价的资本。张某在改造中无故与其他罪犯吵闹，违规违纪，最终 7 年有期徒刑一天未减。还有一名陕西籍罪犯马某，他因犯合同诈骗罪被北京市第二中级人民法院判处无期徒刑，并剥夺政治权利终身，于 2009 年 12 月 3 日进入北京某监狱接受入监教育。马某刚刚入监，在收押监区拒不更换囚服，不理发。到达外遣监区后，不但未能按照监规纪律去做，反而顶撞民警。他的表现在罪犯中造成了极坏的影响，严重扰乱了正常的监管改造秩序。为此，监狱对其采取禁闭 15 天，加戴戒具 7 天的处分。马某入狱前曾任某石油公司董事长，是一名"二进宫"的罪犯。在 1989 年到 1999 年的 10 年间，他曾在陕西 6 个不同的监狱服刑，却没有获得一天减刑，当时他是带着自闭的心理走出监狱大门的。当他再次来到监狱的时候，仍然怀着失衡的心态服刑，刚一入监就碰了钉子。可以预见，他的服刑之路一定不会平坦。与上面的两个罪犯不同，王某在入狱后认罪改造，把业余时间都投入到为《新华字典》《现代汉语词典》等辞书挑错中，由于在规范语言文字方面取得显著成绩，经省高院裁定减刑两次，由死缓减为有期徒刑 20 年。

通过这三个案例，大家应当明白一个道理：减刑、假释都是罪犯所希望的，但是如果不付出实际行动，再好的政策也无济于事。清代文人彭端淑写过一篇著名的文章《为学一首示子侄》，文章中讲了这样一个故事：四川一个很偏僻的地方有两个和尚，一个贫穷，另一个富有。一天穷和尚告诉富和尚他要去南海，富和尚说："你靠什么去呢？"穷和尚说："我只要一个水瓶、一个饭钵就够了。"富和尚表示不信，他说："我多年来一直想雇船前往，结果都没实现，你凭什么去呢？"一年后，穷和尚从南海回来，把事情告诉了富和尚，富和尚感到惭愧万分。彭端淑在文章中感慨道："天下事有难易乎？为之，则难者亦易矣；不为，则易者亦难矣。"也就是说，看起来困难的事情，只要去做就变得容易了；而看起来容易的事，不去做就成了难事了。看过这个故事，每个人都懂得了在服刑期间应该如何表现，以争取获得减刑或假释的机会。

思考题

1. 怎样看待减刑、假释？

2. 获得减刑、假释应具备哪些条件？

推荐书目

1. 《四世同堂》，老舍，天津人民出版社 2017 年版。

2. 《老人与海》，海明威著，吴劳译，上海译文出版社 2010 年版。

3. 《瓦尔登湖》，亨利·戴维·梭罗著，盛世教育西方明珠翻译委员会译，世界图书出版公司 2009 年版。

推荐电影

1. 《焦裕禄》（1990 年），王冀邢执导。
2. 《志愿兵·雄兵出击》（2023 年），陈凯歌执导。

第三篇
心态调整

　　健康是第一财富，关爱健康就是关爱自己。然而健康不仅是"身体倍儿棒，吃嘛嘛香"，健康是一种身心都趋于完满的协调状态。所以，我们不仅应懂得"生命在于运动"，还要明白"心态决定一切"。必要的时候，"心病还须心药医"。只有这样才能顺利通过服刑生活的各种考验。

【阅读提示】

1. 重新面对自己，认识自己，理解自己。
2. 了解自己的心理状态，主动参加改造活动。
3. 学会转变心态，找到新的希望。

第一节　心态决定一切：接受身份变化

桌子上有半杯水，悲观的人看到了很不愉快："怎么只有半杯?"乐观的人看到了却很高兴："幸好还有半杯!"你看，水同样是半杯，但是不同的人看待它的心态不同，产

生的效果也不同。悲观的人看到半杯水，真是悲上加悲，从而自怨自艾，感叹命运不济；而乐观的人看到半杯水，好像看到了沙漠里的绿洲，觉得上天待自己不薄，从而斗志更加昂扬。

还有个大家都熟知的故事，两个僧人见寺院门口的幡被风吹动，于是展开辩论，一个说是风动，一个说是幡动，争执不下。一位高僧走过来说："不是风动，不是幡动，是仁者心动!"故事虽然不同，但道理有些相近。

有时候，人的心理或者心态会左右我们对事实的判断，从而决定我们的行为。联系上面的故事，同样是半杯水，可是不同的人心态不同，最终决定了不同的人生道路。同样是在监狱服刑，有的人把这看成苦日子的开始，有的人把这看成新生命的起点。所以说，在监狱服刑生活过程中，心态的积极与否同样能决定罪犯的命运。

罪犯在经历拘留、逮捕、审讯、判决等诉讼程序后，被移送监狱机关进入服刑改造阶段。其间，罪犯的身份也经历了从自由社会公民到犯罪嫌疑人、被告人、犯罪人和罪犯的角色转化。当从正常的社会生活环境骤变到被限制自由的特殊环境，急剧的变化和巨大的落差以及陌生的环境难免会让人产生悲观绝望的情绪。尤其大多数人对监狱了解甚少，往往通过影视作品了解一二，监狱的形象在普通大众的印象中是神秘的、让人恐惧的。人们常用"阶下囚""牢狱之灾"来形容监狱关押的罪犯。许多人认为监狱里一定是恃强凌弱、牢头狱霸横行。

对于罪犯来说，服刑确实是人生的一次重大生活事件，也是心理上遭受的一次严重挫折，必然会引发不同程度的心理问题。诚然，判刑入狱对个人来说是重大挫折，甚至可以说是人生的低谷。可是许多罪犯没有意识到这一点，要么留恋过去纸醉金迷、威风八面的生活，要么陷入自责、痛苦不能自拔。有的则随大溜、混刑度日，看不到未来和希望。要么是对人生的错误理解，要么是对自己的心态缺乏认识。说到底，这样的心理和表现都不是积极的服刑心理，对罪犯个人的服刑生活都是不利的。

明朝有个文人袁了凡说过一句话："以前种种，譬如昨日死；从后种种，譬如今日生。"这句话的意思是以前的东西，已经成为历史了，已经是事实了，以后的事情才是我们所能把握的，才是我们要努力改变的东西。南唐时期有位皇帝叫李煜，他当皇帝时不理朝政，整天填词写诗。亡国之后他写了许多感慨过去的词，如《虞美人》中写道："春花秋月何时了，往事知多少？小楼昨夜又东风，故国不堪回首月明中。"还有一首《浪淘沙》："独自莫凭栏，无限江山。别时容易见时难，流水落花春去也，天上人间。"他想起昨天的往事，想起自己的江山社稷，再也见不到了，就像逝去的春天、落花、流水一样，都成为过去了。昨天和今天对比，真是一个天上，一个地下。李煜这个"亡国之君"尚且不能改变过去，何况监狱中的罪犯呢？今天，心理学已经成为一门成熟的学科，心理健康是健康的重要组成部分，这一理念已经为普通大众所接受。在这样的时代背景下，我们可以了解进而调节自己的心理。因此，作为罪犯，要想使服刑生活变得顺利、平稳，就有必要了解心理健康的知识。不为消极情绪、心态所控制，做自己情绪、心态的主人。

思考题

1. 如何正确对待服刑生活？
2. 要以什么样的心态去面对服刑改造？

第二节 了解自我心理状态：倾听心的声音

服刑改造对大多数人来说是一个负性事件，有的罪犯入监后能够快速调整自我，积极地找到适合自己的服刑状态。有的能够真诚认罪悔罪，将愧疚化为改变的动力。他们可能会对未来抱有希望，希望通过积极改造自己，争取早日重返社会。要注意的是，以上心理特征并非所有罪犯都会完全表现，且不同罪犯的心理反应也会因个体差异而有所不同。通常来说，罪犯被判刑入狱后，在服刑中会受到来自监狱内外各种因素的影响，大部分罪犯在入监初期会出现许多不适应问题，究其原因主要是罪犯不能迅速转变身份和心态，由此产生许多不良心理状态，这类现象比较常见，且不利于服刑生活的开展。随着服刑时间的推移，罪犯心理也会在不同阶段出现变化。要应对这些变化，罪犯就必须正确采取针对性的心理调适方法，以良性心理接受由社会人转变成罪犯的身份，尽快适应环境，顺利开展服刑改造生活。

一、罪犯常见心理状态

要调节自己拥有积极的心态，首先要了解自己的心理状态，这样才能有的放矢，对症下药。下面为大家列举常见的几种心理状态：

（一）恐惧

恐惧是人类及某些生物的一种心理活动状态，通常被归类为情绪的一种。恐惧是因为周围有不可预料、不可确定的因素而导致的无所适从的心理或生理的一种强烈反应，是人类与某些生物才有的一种特有现象。从心理学的角度来讲，恐惧是有机体企图摆脱、逃避某种情景而又无能为力的一种情绪体验。例如，有些罪犯在民警面前回答问题或者在大庭广众之下讲话时会怯场，内心感到恐惧。又因为自己新入监，不知道这里的其他罪犯会不会欺负自己，对未知感到恐惧。恐惧产生的另一个重要原因是有的罪犯还有尚未交代的余罪。在这种情况下，想坦白又怕加刑，不坦白又怕别人牵出来加重量刑，处在惶惶不可终日之中。解决这种恐惧的办法只有一条，就是主动坦白交代。"纸里包不住火""躲得过一时，躲不过一世"，与其终生受良心谴责，还不如早日争取宽大处理，丢掉包袱轻装前进。

身份的转变，加上到一个新的环境，对一切都感到陌生，恐惧心理的出现可以理解。刚刚结束了侦查、起诉、审判等一道道法律程序，判决生效后就被警车押送到壁垒森严的监狱，刚入监罪犯普遍存在恐惧心理。这种担忧是可以理解的，但也是不必要的，监狱的管理方式是民警直接管理，文明、科学、依法、严格管理。如果罪犯有这方面的担心，可以主动找民警进行交流。在日常服刑中逐渐通过入监学习了解监狱的性质、任务、制度等基本情况，明白自己的权利和应尽的义务，应当遵守的监规纪律及改造行为等，从认知上消除对监狱认知的误区，淡化恐惧心理。

（二）焦虑

罪犯在服刑期间，由于对未来的不确定性和对刑罚执行的恐惧，往往会产生强烈的焦虑情绪。

研究认为，焦虑是一种复杂的情绪反应，在服刑环境中通常是罪犯因为不能达到目标或者不能克服障碍的威胁而导致自尊心、自信心受挫，或者因为失败感、内疚感增强而形成的一种兼有恐惧和担忧的情绪状态。这种心理常常在罪犯入监阶段表现更为明显。有的表现为惶惶不可终日；有的感到茫然无助。焦虑实际上是由紧张、焦急、忧虑、担心等感受综合交织而成的复杂情绪反应。

一般来说，罪犯焦虑的产生有以下几种情况。第一，是对新环境的适应焦虑。服刑改造中生活、学习、劳动处处有规范要求，一旦违反会有相应的处罚，这种环境上的变化，需要罪犯慢慢适应。第二，是对一些服刑改造任务完成上的焦虑。一方面担心自己能力不足会出错，另一方面对周围环境和人员的不熟悉缺乏情感支持。第三，学习引发的焦虑。大多数罪犯早就远离校园等学习环境，一部分人自身文化水平不高，抱着宁可多劳动，不想多读书的想法，而入监教育期间大量的学习任务及结束后的入监教育考核都会让人产生焦虑的情绪。第四，交往焦虑。有些罪犯不善于与人交往，不知道如何打破僵局，见面不知道该说什么话。想交往，又怕被人笑话，怕吃亏上当，于是处于矛盾和焦虑当中。第五，还有些罪犯身负余罪，担心一旦被揪出来就要加刑；有的罪犯则耍小聪明，两面三刀，传小话，挑拨关系，在民警那里当面一套，背后一套，又担心被揭穿老底，影响"进步"，从而引起焦虑。

对于不适应新环境的焦虑，最好的办法就是敞开心扉，主动迎接挑战，采取积极主动的办法调节自己，尽快适应新环境。对于学习、劳动方面的焦虑，没有别的好办法，只能迎难而上，多模仿、多请教，不耻下问，并在别人休息的时候自己加码、多练习。"只要功夫深，铁杵磨成针"，学习和劳动中的难题一定会解决。

（三）自卑

服刑可以说是罪犯经历的人生重大挫折。由于犯罪打破了原有生活，受到社会的谴责，给社会、受害人、家庭、亲友及自己带来了不可估量的痛苦和损失，也使自己的一切蒙上了一层阴影。罪犯常会陷入一种"人生最大的悲哀就是失去自由，不知亲戚朋友怎样看待自己"的状态，一想到漫长的刑期，感觉自己的世界充满灰暗，感到自己这辈子再没办法抬起头了！认为自己比别人差，一无是处，自卑烦恼。

在入监初期，因为犯罪带来的一系列消极影响而产生的自卑感，或因为罪犯的自我意识而变得过于强烈是正常的。但长期的自卑心理只能使人意志消沉，不思进取。把这种自卑心理化为新生活的动力，通过自我崭新的行动去赢得别人的谅解，成为进一步促进自我完善的动力，用行动证明自己已经告别过去。同时，不要过于着急，回归社会的适应问题是一个渐进的过程，人对环境的了解是逐步的，需要不断去学习社会道德规范和处世技巧。

（四）怨恨

这种心理在刚入监罪犯中普遍存在。他们或怨恨执法者、被害者、证人、检举人，认为这些人让自己成为了罪犯或怨恨自己的同伙、自己作案不高明而落入法网；有的甚至还怨恨是家庭逼自己走上了这条路等。当然，有的罪犯也怨恨自己的罪错。由于怨恨心理的阻碍，他们对自己的犯罪认识不够深刻，仇恨政府，改造态度不端正，产生抵触情绪。他们把民警的依法管理教育误解为故意针对自己，甚至将故意破坏监规纪律作为发泄怨恨的途径。然而，这些行为都是极其不理智的，反而会让自己越陷越深，整日怨天尤人。

我们需要静下心来，反思自己对待生活的心态、工作的态度、工作的能力是不是导致了生活中的某些缺憾；走上犯罪服刑的道路是不是自己的错误选择最终酿成的后果；未来对待服刑生活的心态、方式是不是也在潜移默化地影响着自己未来生活的走向。服刑不代表人生彻底失败，而是成年人为自己过往的错误买单。

（五）愤怒

监狱里有这样一种现象，平时表现不错的罪犯，突然变得暴躁，"沾火就着""谁劝跟谁急"，过后又后悔不已。从心理学定义看，愤怒是人的愿望不能实现或者目的无法达到、行为受到挫折引起的紧张而不愉快的情绪。这个解释让我们知道，愤怒的产生原因首先是愿望无法实现，或者产生了挫折感。当然，人遇到挫折时会有各种不同的反应。俗话说："男怕低头声声唉，女怕绝食手托腮。"男女两种反应，都有可能是挫折引起的，只不过有的反应比较平稳（有可能看似平稳，实际内心斗争激烈），而有的向另一个极端发展，就是愤怒，甚至攻击。

"无名之火""怒从心头起，恶向胆边生"，看什么都不顺眼，总想跟人吼两句。

外来因素

引发罪犯愤怒的原因是多种多样的，这些感受大家可能都有切身体会。原因有来自外界的，也有来自自身的。从外界来看，罪犯的愤怒多半来自判刑入狱的挫败感。自由被剥夺，权利受到限制，每天要按部就班地学习、劳动，许多罪犯在开始时对这种生活难以接受。他们觉得处处不满意，愿望总是难以实现，这就诱发了愤怒情绪。并且这种限制不是一天两天的，而是长达数年甚至十几年，持续的挫败感有时进一步加重了愤怒。愤怒还可能与人际关系紧张有关。罪犯在监舍学习、劳动中要集体活动，不同的气质、性格的人频繁接触，难免有点小摩擦、小矛盾。有时是生活习惯不同引发的，有时可能仅由一句玩笑话引发。

愤怒还可能由自身原因引发，如有些胆汁质气质类型的人，不善于自我调节，遇事稍有不顺心就大发雷霆。心理学上有个故事，四个气质类型不同的人去看戏，都去晚了，结果胆汁质的人与看门人大吵起来，而其他三个人则采取了各自不同的处理方式。所以，如果事情本来没多大，而自己却很生气，以至于无法

控制，那么就要从自身找原因了。但自身原因也未必都是气质类型的原因，有的罪犯易怒是由于自身修养不够造成的。比如，有的人心胸狭窄，不能容人，见不得别人比自己强。看见别人立功、得奖，自己就生气、

不满，找茬打架，非要"打压"一下别人。也有的罪犯过于自负，虚荣心强，太爱面子，别人稍有不恭敬就忍受不了，觉得很伤自尊，于是就火冒三丈。还有的人自制力差，感情脆弱，以自我为中心，凡事先想到自己吃亏了没有，一旦别人不能满足自己的心愿，就翻脸不认人，给别人留下"酸脸猴子"的印象。

愤怒是一部分罪犯导致犯罪的主要原因，因为控制不好愤怒情绪，最终走上犯罪道路。在狱内服刑如果是还没从判刑入狱的教训中走出来，还是被愤怒情绪牵着鼻子走，枯燥而愤怒，那么就要意识到自身的情绪出了问题，需要在监狱内通过学习各种心理学技巧学会自我控制。

当你一个手指（食指）指向别人的时候，另外三个手指（中指、无名指、小拇指）是指向自己的。中医认为，怒伤肝。愤怒时，由于交感神经兴奋，人的心跳加快，血压上升，呼吸急促，额部、颈部的静脉极度扩张，从而诱发高血压、心脏病，严重影响身心健康。知道了这些危害，就要主动想办法"制怒"。要学会对问题冷处理，也就是放放再说，有人讲"拖也是一种处理办法"。当自己想发怒、骂人或出口伤人时，先把舌头在"嘴里绕三圈"，这个西方的谚语想告诉人们的是遇事要"三思而后行"。另外，还可以主动沟通，包括与当事人沟通、与其他罪犯沟通、与民警沟通。与当事人沟通，是为了消除误会，把事情说开，相互体谅、相互理解。与其他罪犯沟通是释放，把愤懑、不满宣泄出去。与民警沟通是为了寻求帮助，找高人"指点迷津"。沟通常常能达到"一语惊醒梦中人"的效果，比把事情闷在心里更有利于健康，更有利于解决问题。当真的要发怒的时候，其他办法都没有效果，那么还可以尝试到"情绪宣泄室"释放一下情绪。现在许多监狱都建立了"情绪宣泄室"，罪犯可以把自己压抑的愤怒发泄到橡皮人身上，这也是一种无害的解决方式。

当然，对付愤怒，最根本的解决办法是提高自身修养，正所谓"人到无求品自高"，修养提高了，素质提高了，人可以有更高的精神追求，愤怒自然就远离你了。

（六）多疑

多疑心理表现在交往过程中，自我牵连倾向太重。何谓自我牵连太重，就是总觉得其他什么事情都与自己有关，对他人的言行过分敏感、多疑。猜疑心理也包含一定对他人的敌对心理。一个人一旦掉进猜疑的陷阱，会损害正常的人际关系，影响个人的身心健康。

生活中我们常会碰到一些猜疑心很重的人，他们整天疑心重重、无中生有，认为人人都不可信、不可交。造成猜疑的原因因人而异。猜疑一般是从某一假想目标开始，最后又回到假想目

标，就像一个圆圈，越画越粗，越画越圆。最典型的例子就是"疑人偷斧"的寓言了：一个人丢失了斧头，怀疑是邻居的儿子偷的。从这个假想目标出发，他观察邻居儿子的言谈举止、神色仪态，无一不是偷斧的样子，思索的结果进一步巩固和强化了原先的假想目标，他断定贼非邻子莫属了。可是，不久他在山谷里找到了斧头，再看那个邻居儿子，竟然一点也不像偷斧者。现实生活中猜疑心理的产生和发展，几乎都同这种封闭性思维主宰了正常思维密切相关。古人说："长相知，不相疑。"反之，不相知，必定长相疑。不过，"他信"的缺乏，往往又同"自信"的不足相联系。疑神疑鬼的人，看似疑别人，实际上也是对自己有怀疑，至少是信心不足。有些人在某些方面自认为不如别人，因而总以为别人在议论自己，看不起自己，算计自己。还有这样的情况，有些人以前由于轻信别人，在交往中受过骗，蒙受了巨大的精神损失和遭受了重大的感情挫折，结果万念俱灰，不再相信任何人，实际上这是对交往挫折的过度自我防卫。例如，"疑人偷斧"中的那个农夫，如果失斧后冷静想一想，斧头会不会是自己砍柴时忘了带回家，或者挑柴

时掉在路上，那么这个险些影响他同邻人关系的猜疑，或许根本就不会产生。现实生活中许多猜疑，戳穿了是很可笑的，但在戳穿之前，由于猜疑者的头脑为封闭性思路所主宰，会觉得他的猜疑顺理成章。此时，冷静思考显然是十分必要的。

例如，有的罪犯看到班内其他罪犯和民警谈话，就怀疑是否在讲自己的不是，甚至明知道这种思想是不对的但又控制不了自己。其实这是一种多疑的心理。当自己的这种疑心越来越重时，首先，要采取理智的"急刹车"，控制住自己的"胡思乱想"。要一分为二地看待自己怀疑的对象，想办法加上一些正向想法，如"也许是我弄错了"，"也许他不是那种人"，"也许情况不像我想象中那么糟糕"等。其次，加强交往，增进了解。多疑往往是对情况不了解，掌握信息过少的结果。多疑产生后，常常又加剧了彼此的隔阂，人有所短，亦有所长，每个人都应该看到自己的长处，培养自信心，相信自己能与别人友好相处，会给别人留下好印象。这样，当一个人充满自信时，就不用担心自己的行为，也不会轻易地怀疑别人挑剔自己，说自己的坏话。尤其在一些服刑生活细节上不必斤斤计较，如果觉得别人怀疑自己，应当安慰自己不必为别人的闲言碎语所纠缠，不要在意别人的议论，这样不仅解脱了自己，还取得了一次小小的精神胜利，产生的怀疑自然就烟消云散了。

二、克服心理问题的方法

了解了罪犯常见的几种心理健康问题，那么罪犯应该怎么处理这些心理问题呢？由于服刑环境的特殊性，罪犯要想保持心理健康可以主动做到以下三点：

（一）正视服刑现实，建立并保持积极的服刑心态

因为实施犯罪行为而被判刑是摆在每名罪犯前的客观现实。作为一名罪犯，首先要正视这一现实，而不是通过不良行为或情绪的宣泄等方

式来逃避。如果无法接受现实反而不利于自身改造，心理上对服刑环境、服刑身份的排斥，反而给自己背上了沉重的思想包袱。

"人非圣贤，孰能无过"，罪犯首先应当真诚认罪悔罪，建立并保持积极向上的服刑心态，摒弃"自暴自弃、得过且过"的念头。通过深刻地反省，充分吸取过去的教训，将希望放在未来，而非过去。这样的信念和心态对度过未来刑期是十分重要的。

(二) 识别心理状态，主动调整自我情绪和心境

稳定的情绪能帮助人理智地思考，更是人们心理健康的润滑剂。罪犯出现低落情绪是可以理解的，但重要的是如何发现情绪产生的根源，并学会理性思考问题，主动调节自己的心境，而不是让"坏情绪"主宰自己的大脑。

(三) 形成健全人格，掌握一定的心理健康知识

罪犯学习心理健康知识，增强自我调节能力和自我觉察能力是十分必要的，面对漫长而枯燥的服刑生活以及未来不确定的消极因素，思想包袱大，情感脆弱，承压能力也会在一定程度上减弱，难免会出现各种心理困扰乃至心理健康问题。更重要的是，罪犯要学会在日常生活中灵活地运用科学的心理知识和方法，当发现自己有异常情况时，能够采取积极主动的预防措施，主动进行自我调适和疏导。

【延伸阅读】

四种气质类型

什么是气质？在日常生活和工作中，你能否顺利和成功与心理素质的好坏有很大关系。我们常常发现人和人不一样：有的人容易激动，做事雷厉风行；有的人机智灵活；有的人天生慢性子；还有的人非常脆弱，

经不起风浪。这种性格的差异就是"气质"。从心理学角度讲，人的内在气质与情感、信心、意志力和韧性等心理素质有着密不可分的关系。

假设多血质、胆汁质、粘液质、抑郁质四个人去看电影，但是迟到了，看四个人不同的表现。胆汁质：不认为迟到就不可以进了，与检票员争执，强烈要求进去看电影。多血质：确定自己迟到后，不会强行进入，而是四处观察，想办法，最后可能绕到其他入口，顺顺当当进入电影院，看了一场电影。粘液质：知道自己迟到后，很平静，会到附近的一个咖啡厅等候，等着看下一场电影。抑郁质：知道自己迟到后，很沮丧，转身回家。

心理学界对四种气质是这样解释的：

※ 多血质相当于神经活动强而均衡的灵活型。这种气质的人热情、有能力，适应性强，喜欢交际，精神愉快，机智灵活，注意力易转移，情绪易改变，办事重兴趣，富于幻想，不愿做耐心细致的工作。

典型表现：多血质又称活泼型，敏捷好动，善于交际，在新的环境里不感到拘束。在工作学习上富有精力而效率高，表现出机敏的工作能力，善于适应环境变化。在集体中精神愉快，朝气蓬勃，愿意从事符合实际的事业，能对事业心驰神往，能迅速地把握新事物，在有充分自制能力和纪律性的情况下，会表现出巨大的积极性。兴趣广泛，但情感易变，如果事业上不顺利，热情可能消失，其速度与投身事业一样迅速。从事多样化的工作往往成绩卓越。

※胆汁质相当于神经活动强而不均衡型。这种气质的人兴奋性很高，脾气暴躁，性情直率，精力旺盛，能以很高的热情埋头干事业，兴奋时，决心克服一切困难，精力耗尽时，情绪又一落千丈。

典型表现：胆汁质又称不可遏止型或战斗型。具有强烈的兴奋过程和比较弱的抑郁过程，情绪易激动，反应迅速，行动敏捷，暴躁而有力；在语言上、表情上、姿态上都有一种强烈而迅速的情感表现；在克服困难上有不可遏止和坚韧不拔的劲头，而不善于考虑是否能做到；性急，易爆发而不能自制。这种人的工作特点带有明显的周期性，埋头于事业，也准备去克服通向目标的重重困难和障碍。但是当精力耗尽时，易失去信心。

※ 粘液质相当于神经活动强而均衡的安静型。这种气质的人平静，善于克制忍让，生活有规律，不为无关事情分心，埋头苦干，有耐久力，态度持重，不卑不亢，不爱空谈，严肃认真；但不够灵活，注意力不易转移，因循守旧，对事业缺乏热情。

典型表现：这种人又称安静型，在生活中是一个坚持而稳健的辛勤工作者。由于这些人具有与兴奋过程相均衡的强抑制力，所以行动缓慢而沉着，严格恪守既定的生活秩序和工作制度，不为无所谓的动因而分心。粘液质的人态度持重，交际适度，不作空泛的清谈，情感上不易激动，不易发脾气，也不易流露情感，能自制，也不常常显露自己的才能。这种人长时间坚持不懈，有条不紊地从事自己的工作。其不足是有些事情不够灵活，不善于转移自己的注意力。惰性使他因循守旧，表现出固定性有余，而灵活性不足。具有从容不迫和严肃认真的品德，以及性格的一贯性和确定性。

※ 抑郁质相当于神经活动弱型，其兴奋和抑郁过程都弱。这种气质的人沉静、易相处，人缘好，办事稳妥可靠，做事坚定，能克服困难；但比较敏感，易受挫折，孤僻、寡断，疲劳不容易恢复，反应缓慢，不思进取。

典型表现：有较强的感受能力，易动感情、情绪体验的方式较少，但是体验持久而有力，能观察到别人不容易察觉到的细节，对外部环境变化敏感，内心体验深刻，外表行为非常迟缓，忸怩、怯弱、怀疑、孤僻、优柔寡断，容易恐惧。

不过，现代调查表明，在现实生活中纯粹单一气质类型的人是不多见的，总是两种或两种以上气质类型的混合。

思考题

1. 还有哪些调节心理的好方法？

2. 你属于哪种气质类型，具体有什么特征？

第三节　转变心态的方法：追求新的希望

入监初期的不良心理状态还有多种不同表现。监狱罪犯终日生活在大墙内，与社会相对隔绝，交往的人员有限，与亲人、朋友相见机会、频率减少，这些都是不利于保持心理健康的因素。因此，罪犯当中心理问题、心理疾病的发生率较正常人要高。对于一些常见的不良心理状态，罪犯在了解了相应的知识和方法后可以进行自我预防与调节，而对于一些比较严重的心理问题则需要通过心理辅导、心理咨询或心理治疗来解决。总之，"心病"也是病，但是"心病"并不可怕。了解了心理学方面的知识，无病可以防病，有病则利于治病，这正是心理矫治、心理健康教育在监狱中的意义。

如何判断自己是否心理健康呢？目前比较被大众认可的观点是美国人本主义心理学家马斯洛和米特尔曼在研究了智力、情感、意志、需要及人格品质等几个方面的内容后，强调个体对外界反应的适度、内在感受和自我评价的合理性，以及顺应环境的同时满足自身需要的能力。他们几经修订的十项标准受到人们的普遍重视和引用，被公认为是"标准的标准"，即心理健康十大标准，它们是：（1）有充分的安全感；（2）充分了解自己，并能对自己的能力作恰当的估计；（3）生活目标、理想切合实际；（4）与现实环境保持接触；（5）能保持人格的完整和谐；（6）具有从经验中学习的能力；（7）能保持良好的人际关系；（8）适度的情绪发泄与控制；（9）在不违背集体意志的前提下有限度地发挥人格；（10）在不违背社会道德规范的情况下能适当满足个人基本需要[1]。针对我们已经识别到的问题，可以先尝试"自我疗愈"，下面为大家介绍五种方法，不妨试一试。

---

[1]　赖丹凤、赵新刚主编：《心理疏导：助人与自助之路》，机械工业出版社2019年版，第175页。

第一，内省。这种方法的来源是儒家，就是主张要自我反思，自我检查。我们在前面讲过"反求诸己"的道理，就是遇事要从自己身上找毛病、找原因。服刑生活中的许多烦恼是因为小摩擦、小矛盾引起的，其实这些矛盾往往是鸡毛蒜皮的小事。打饭多少、铺位好坏、说话方式礼不礼貌等，事后想想，其实无所谓，但有些罪犯常常钻牛角尖，走不出来，解脱不了。这时候就要用内省法解剖自己，看看除了别人的毛病，自己是否也有不对的地方。"见贤思齐焉，见不贤而内自省也。"（《论语·里仁》）[1]意思是说，别人的优点我要学习，别人的缺点，我要看看自己身上有没有。历史上有这样一个故事，某朝廷大官老家修建宅第，邻居与他家争三尺地。于是家里人写信给这位大官（在京城任职）希望他用手中的权力整治一下邻居。这位官员在回信里写了一首诗："千里修书只为墙，让他三尺又何妨。万里长城今犹在，不见当年秦始皇。"家人收到信后，很是惭愧，主动让出三尺。邻居家见这家主动让出三尺，于是自家也让了三尺，形成一条"六尺巷"，留下一段佳话。你看，本来激化的矛盾，就这么轻易化解了。关键是要反省自己哪里不对，主动让步。相反，如果"得理不让人，无理辩三分"，矛盾就可能不断升级，最后一发不可收拾。内省实际上是主张罪犯多运用理性，凡事"三思而后行"。

第二，超越。人们常说"超越自我"，超越不是"超过"，其实超越的意思是不要执着。

夏伯渝，中国第一个依靠双腿假肢登上珠峰的登山者，虽然失去双腿，但这位重庆出生的登山者却用43年时间把五星红旗插上了珠峰。他是电影《攀登者》的原型之一。生命给他以痛，他报之以歌。

1949年，夏伯渝出生在重庆，名字中的"渝"是父母为纪念他的出生地而起，希望他继承重庆人耿直豪爽、吃苦耐劳的品性。作为"共和国同龄人"，夏伯渝用行动证明了自己一直在与祖国共同成长。

---

〔1〕（春秋）孔子：《论语》，肖卫译注，中国文联出版社2016年版，第33页。

43 年里，他靠着一双假肢，五次攀登珠峰，为实现登顶珠峰的梦想，付出了常人难以想象的艰辛。

1975 年，国家登山队选拔队员，26 岁的夏伯渝被选中。然而，在第一次攀登珠峰时，一个队友不慎丢失了睡袋，夏伯渝把自己的睡袋让给了他，自己却因冻伤永远失去了两条小腿。当收到队友成功登顶的消息时，他既激动又深感遗憾："为什么偏偏落下了自己。"好在天无绝人之路，一位德国专家听闻他的事迹鼓励他："你要振作起来，装上假肢可以像正常人一样生活。如果训练得当，假以时日，说不定还可以继续登山。"专家的话犹如一支强心剂，给夏伯渝注入了新的活力，他心中的希望之火再次被点燃。从此，在等待安装假肢的漫漫日子里，他夏练三伏，冬练三九，开始了各种康复训练。2011 年，受益于医学发展的进步，夏伯渝终于换上了钛合金假肢，他沉寂许久的"珠峰梦"苏醒了。

2014 年起，65 岁的夏伯渝开始了再次冲击珠峰的征程，然而连续三次挑战先后遭遇雪崩、地震和暴风雪，均未能成功。第四次冲击顶峰失败后，高寒缺氧和假肢摩擦让夏伯渝得了血栓。就在大家以为他会带着遗憾转身离开时，夏伯渝却来到腾格里沙漠进行加强训练。一位年近古稀的老人，每日踏着假肢，穿行在茫茫戈壁之中。

2018 年 5 月，已经 69 岁的夏伯渝第五次向珠峰发起挑战，最终他赢得了这场从 1975 年至此跨越 43 年时间的胜利。登顶成功的那一刻，69 岁的夏伯渝喜极而泣。

夏伯渝的珠峰之旅，是一场关于超越自我的壮丽史诗。双腿截肢的残酷现实并未阻挡他追逐梦想的脚步，当他站在珠峰之巅那一刻，他实现了对自我的极致超越。从踌躇满志到迷茫无助，再到重燃斗志，克服困难实现登山梦想。夏伯渝的成功，不仅是对身体极限的突破，更是对心灵力量的彰显。他的故事告诉我们：只要心中有梦，勇于超越，就没有什么能够阻挡我们攀登人生的高峰。

第三，沟通。沟通既可以是自我沟通，也可以是与他人、环境的沟通。作家史铁生的生平事迹很多人听说过。史铁生用残缺的身体，书写了丰满的思想、动人的文字。他在《我与地坛》里讲述了自己正值风华正茂的年纪，却意外瘫痪在床，绝望之际几欲自杀，最终在文学和写作中一步步实现自我治愈和救赎的故事。命运把他年轻的躯体困在了轮

椅上，可他的灵魂却在漫长的岁月里越发昂扬。本书一经出版，即引来无数读者来信，称自己深受震撼。更有一些受病痛折磨的人，在其中得到心灵的慰藉，重燃对生活的希望。纵使生活是苦海，他依旧义无反顾地以斗志为帆，文字为桨，在这苦海中寻求方向。相信每个读过《我与地坛》的人，都为书中那字里行间的坚韧和不屈所触动，"没有谁的人生不辛苦，唯自渡是最好的解药"。有人说，如果觉得生活太难，那就去读一读《我与地坛》，像史铁生一样学会与自己和解，学会与自我沟通，感受生活带来的体验。

在与他人交往沟通中，有时候外界的评价会与自我评价有一定的差距，不少人因此而产生烦恼。常见的人际交往心理模式有这样四种：

第一种类型：我不好——你好，表现为自卑，甚至是社交恐惧。根源于童年的无助感，这种态度如果没有随着年龄的增长而改变，长大以后就容易放弃自我或顺从他人。他们喜欢以百倍的努力赢得他人的赞赏，或者喜欢与父母意识重合的人。

第二种类型：我不好——你也不好，不喜欢自己也不喜欢别人。看不起自己，也看不起别人，常放弃自我、陷入绝境，极端孤独和退缩。

第三种类型：我好——你不好，以自我为中心，自以为是。总认为自己是对的，而别人是错的，把人际交往中失败的责任推在他人身上，

常导致自己固执己见，唯我独尊。

第四种类型：我好——你也好，相信他人，能够接纳自己和他人。正视现实，并努力去改变他们能改变的事物，善于发现自己和他人的优点与长处，从而使自己保持一种积极、乐观、进取的心理状态，是一种成熟、健康的人际交往模式。

掌握不同的人际交往心理模式能够帮助罪犯更好地理解他人的行为和思维模式，了解了对方可能的心理状态也有利于自己选择正确的应对方式，避免矛盾的发生。我们要善于调节和倾听不同评价，从自己的内心客观看待各种评价。在不断地学习和总结经验中学会正确地自我认识，学会平等地与人、与自己、与环境沟通，逐渐找到自己的社会位置，真正扮演好自己的社会角色。

第四，升华。升华原是指固体受热后不经过液态形式，直接变为气态的物理现象。在心理学中，人们把被压抑了的冲动转向社会允许的其他活动，以达到满足的过程称为升华。例如，攻击行为的冲动是不被社会允许的，但是如果通过体育比赛的形式表现出来，就可能取得好成绩，这就是升华。再如，追求爱慕的对象受挫，有的人从此消沉，借酒消愁。而有的人则由此转向了事业上的追求，取得了成绩，获得了心理上的补偿。德国文学家歌德就是在恋爱失败后，转而进行文学创作，写出了《少年维特之烦恼》这部传世之作。罪犯在监狱中会有许多冲动和欲望不能得到满足，压抑下去会产生心理问题，如果将其转向书画、诗歌、小说创作，就可能成为很好的题材。升华是一种积极的心理调节方式，历来受到推崇。"化悲痛为力量""在失败中崛起"，类似的自我调节方式不但化解了心理危机，还激发了上进的动力，所以是值得罪犯学习的一种形式。

第五，放松。当罪犯出现焦虑、恐惧等负面情绪，或者因为学习、劳动等负担过重，与其他罪犯发生矛盾，出现心理紧张的时候，可以尝试使用放松的小技巧。这里介绍两种简单易行的放松方法。肌肉松弛法。这种方法主要通过手臂、头部、躯干、腿的逐步松弛达到缓解紧张的目的。其一般程序如下：设想一个舒服的姿势，如躺在沙发、床上或者躺椅上。宽松衣裤，以身体不受束缚为好。保持环境安静、空气清新，注意排除杂念。抱积极的自我体验态度，微闭双目。心中默念：我的双手、双臂沉重而发热；我的双腿双脚沉重而发热；我的腹部暖和而舒服；我的呼吸深沉而平稳；我的心率平稳而规则；我的额头冰凉；当我睁开眼时，会保持松弛和精力恢复良好的状态；最后，活动头部、双臂、脚腿部肌肉，睁眼坐起。此程序可以反复若干次。

深呼吸练习法。该方法的程序是：选择一个舒适的坐姿，闭上双眼，注意自己是用嘴还是用鼻子呼吸以及呼吸的频率。注意身体肌肉群，尽量放松。用鼻吸气用嘴吐气，连续做几次平静而深邃的呼吸。深吸一口气（可以默数 4 下），憋气数 4 下，缓慢用嘴吐气（默数 8 下），自然呼吸几次后，继续做深呼吸。如此反复十几次。手掌放于腹部，自己能感觉到它的运动，嘴呈 O 形，快吸气，短促喘气。反复十几次。[1]

△ 某监狱开展心理健康教育

对于一般的心理问题，罪犯可以通过"自助"的形式进行自我调节。但是，当自我调节效果不明显时，就有必要向他人"求助"了。近年来，很多监狱在罪犯心理健康教育方面进行了大胆探索，取得了许多成绩。有的地方由监狱管理局统一组织编写罪犯心理健康教育教材；有的建立专门的"心理健康教育月"广泛宣讲心理健康相关知识；有的监狱通过黑板报、广播、电视等宣传心理卫生、心理健康知识；还有些监狱把心理健康教育融入罪犯的日常

---

〔1〕 以上两种方法参见张小乔主编：《心理咨询的理论与操作》，中国人民大学出版社 1998 年版，第 174~175 页。

生活中，编排心理剧展演等。总的来说，监狱的心理健康教育越来越专业化和科学化，逐渐形成了一系列针对罪犯的团体咨询项目。同时，监狱建立了专业的民警咨询师队伍，设有心理咨询活动室、心理健康指导中心、宣泄室等功能室来帮助罪犯有效解决心理问题。

心理健康教育的对象是全体罪犯。也就是说，不管是否出现心理问题，罪犯都有必要了解心理健康知识，学会心理问题自我调节、自我矫治的方法。了解心理健康知识的好处是对自己的心理状况"心中有数"，而学会了自我调节、自我矫治的方法就能在一定程度上化解自身问题。

当罪犯发现自己的心理问题和问题的根源，靠自己的力量不能很好地适应监狱环境和服刑生活的时候，如果有心理求助的需要，可以寻求监狱民警的帮助。

一些严重病理性的心理疾病则需要应用临床心理学和精神医学理论和技术进行系统治疗。由于心理治疗的专业性、技术性较强，所以一般由临床心理学家或精神科医生来进行。目前，单独依靠监狱自身力量的心理治疗难以收到好的效果，需要借助社会力量进行。

罪犯经过一段时间的改造，随着对监狱法律、法规、政策和规章制度的熟悉和了解，逐步适应了监狱的劳动、学习、改造生活，确立了自身的改造目标，进入了心理上的适应期。但随着改造时间的推进，罪犯可能会面临一些新的问题，如家庭的变故、婚姻纠纷等生活事件，如若不能妥善处理，也会引发罪犯心理情绪的波动，导致心理问题的产生，影响自身的改造。

这时候就需要大家客观地思考，我们每一个生命，都会经历人生的酸甜苦辣。我们在某个特殊的时候就会想，也许当初我没有这样或那样做会更好，在那些沮丧的时刻，甚至怀疑自己的存在就是一种错误。但我们都应该思考，如何过好当下。电影《无问西东》中有一句台词："如果提前知道你将面对的人生，你是否还有勇气重来一遍？"没有一个人的人生剧本是自己所选定的，我们无法从一开始就决定出生、身高、智商、父母、家庭条件等。很多人会羡慕别人的剧本，但确实没有必要，那些不为人知的艰难时刻是我们肉眼无法看到的，我们最重要的是演好自己的剧本，做自己剧本中的主角。服刑是人生的一个阶段，也是人生剧本中的片段之一。有这样一个故事：从前有一个老和尚和一个小和尚下山去化缘，回到山脚下时，天已经黑了。小和尚看着前方，担心地问老和尚："师父，天这么黑，路这么远，山上还有悬崖峭壁、飞鸟走兽，我们就只有这一盏小小的灯笼，只能照亮脚下这一点点地方，我们怎么才能回到家啊？"老和尚看着小和尚，平静地说："看脚下。"

有时候我们会这样：迷茫、自我怀疑、焦虑，看不清远方的目标，不知道该怎么做。这时候，如果你还有足够的精力和资源照亮你脚下的一点点路，那么就看脚下。走着走着，回过头，会发现你已经走得很远了。时刻保持阳光心态，积极接受改造，养成健康心理。作为一个积极改造的罪犯一定要有承纳之心和净化之心，能用平常心面对生活中的困难和挫折；对生活要充满热情，因为人有了热情，就会变得心胸宽广，对生活充满激情，脚下的路才会越走越宽。

思考题

1. 在服刑期间需要经历哪些转变？

2. 假如要经历这些转变，你最担心的事情是什么？最期待的事情又是什么？

推荐书目

1. 《活着》，余华，作家出版社 2012 年版。

2. 《我与地坛》，史铁生，人民文学出版社 2011 年版。

推荐电影

1. 《无问西东》（2018 年），李芳芳执导。

2. 《人生大事》（2022 年），刘江江执导。

第四篇

认罪悔罪

两千多年前，在中国第一部编年体史书《左传》中有个士季劝谏晋灵公的故事，其中有这样一句话："人谁无过？过而能改，善莫大焉。"意思是：作为一个人，谁能保证没有犯错的时候呢？只要能做到及时改正自己的错误，就是最好的。我们平时常说的"知错就改"正是来自这一典故。对于正在服刑改造的罪犯来说，真诚认罪悔罪就是要从思想上认识到自己的错误、从行动上改正和弥补自己的错误，这既是重塑自我的开始，也是走向新生的起点。

【阅读提示】

1. 如何正确认识"认罪悔罪"？
2. "认罪悔罪"的四个方面。
3. 如何真正做到"认罪悔罪"？

第一节　认罪悔罪：救赎的基石

一、真心悔过，才能从头再来

在浙江奉化溪口镇，有一座风景秀丽的雪窦山，山中的一处景点名为千丈岩。千丈岩其实是一座瀑布，落差 186 米，蔚为壮观，被誉为"浙东第一瀑"。如今游览千丈岩的游客会发现，瀑布边上有一座雕塑，是一只仙鹤背上驮着一位男子。据说这男子原来是一个屠夫，"放下屠刀，立地成佛"的故事就发生在他的身上。

传说很久以前，雪窦山中的雪窦寺里有个小和尚，他做事非常虔诚，诵经礼佛十分勤奋。可是，后院有一只方丈自山西带回来的白青蛙，每天五更应时鸣叫，僧人便敲钟击鼓，开始做功课。小和尚年幼贪睡，日子长了便对青蛙产生怨气。于是，他便用开水烫死了白青蛙。方丈知道此事后，大为震怒，命小和尚到雪窦寺东南方不远处的千丈岩去舍身赎罪。面对万丈深渊，小和尚难以下定决心，在岩顶畏惧啼哭。这

△ 浙江奉化溪口镇千丈岩

时候，恰好有一个屠夫路过。在知道事情的经过后，屠夫深受触动。他心想，小和尚只不过用开水烫死了一只青蛙，方丈就让他舍身赎罪，自

己不知屠杀了多少生灵，该当何罪呢？要舍身赎罪的应该是自己才对。于是，他对小和尚说："我替你舍身吧！"只见屠夫放下屠刀，仰天长叹，义无反顾地纵身一跳，坠下千丈岩深崖。就在这时，奇迹发生了：天空中出现了五彩云霞，一只仙鹤接住快要坠地的屠夫，缓缓朝天边飞去。小和尚发现屠夫渐渐升天，大声问道："你到哪里去？"屠夫向他招手答说："小师父，我这是放下屠刀，立地成佛啊！"小和尚想：他杀了这么多只猪，都能够一下子成佛，我只烫死一只青蛙，凭什么不能成佛呢？于是双眼一闭，也像屠夫那样纵身跳下悬崖。没想到，竟然落得个粉身碎骨的下场。

传说固然不可当真，但是这个故事告诉我们一个道理：一个犯了罪错的人，只有真心悔过，才能从头再来。如果心存侥幸，反而不会有好结果。故事中的小和尚之所以落得个粉身碎骨的下场，原因就在于他并没有真心忏悔，也不想舍身赎罪，而是心存侥幸，妄图逃避自己的罪责。

对于正在服刑的罪犯来说，在"知错就改"上要面对的第一个无法回避的问题，就是如何看待自己所犯下的罪过。在开始自我改造之前，每一个罪犯都必须先学会扪心自问：对于自己曾经犯下的罪行，有没有做到发自内心地承认和忏悔？

如果有，就具备了改过自新的思想基础，就好像建房子打地基一样，认识越彻底，基础越牢固，改造的效果也就越明显；如果没有，则相当于不打地基就直接开工，无论在表面上费多少工夫，都无法保持自身的稳固和持久。

大家要明白，犯罪是严重破坏社会规范的行为，是一种莫大的错，在监狱中服刑，是接受惩罚的过程。但是，从另一方面来看，服刑也是自我救赎的过程。所谓救赎，就是从罪恶的束缚中解脱出来，获得新生。但是，这种解脱并不是摆脱，更不是忘记。"救"，意味着拯救自己；"赎"，意味着用行动来偿还"欠账"、洗刷罪恶。犯了罪的人，能够认罪悔罪就是拯救自己，能够成为守法公民并对社会作出贡献就是赎罪。大家在监狱中服刑，这个过程很痛苦，不仅有身体上的痛苦，更有精神上的痛苦。但这个过程也是一个机会，一个自我救赎的机会。在监狱中服刑，能够自觉遵守监规纪律就是在拯救自己，认真参与学习和劳动就是在用行动来赎罪。在我们国家的文化传统中，一贯对犯过罪错的人持宽容的态度，相信"罪"是可以救赎的。孔子曾经评价自己的学生公冶长，说他虽然曾经在监狱里待过，但是并不是他的过错，所以把自己的女儿嫁给了他。孟子说过："西子蒙不洁，则人皆掩鼻而过之。虽有恶人，斋戒沐浴，则可以祀上帝。"（《孟子·离娄下》）意思是说，西施要是身上有了脏东西，大家在她身边经过也会用手捂着鼻子。一个人虽然做过坏事，但是他改正了，斋戒沐浴之后就可以参加祭祀上天这样神圣的仪式。孟子还说过"人皆可以为尧舜"（《孟子·告子下》）这样的话，荀子也说"涂之人可以为禹"（《荀子·性恶》），意思是说，一个人只要想提高道德修养，就能做到。同理，一个人要想改正错误，也同样能做到。《晋书·周处传》和《世说新语》里都讲过一个周处除"三害"的故事。周处是魏晋时期吴国人，家住今天的江苏宜兴附近。他年轻的时候，凶暴强悍，做事蛮横不讲理，乡亲们都认为他是一大祸害。当地的河中有条蛟龙，山上有只白额虎，算上周处自己正好是"三害"。后来周处费尽周折，杀虎斩龙，最后才知道自己是老百姓心中最大的祸患，于是有了悔改的心意。周处想要改正错误，提高修养，可又担心自己年岁太大，不会有什么成就。当时的文学家陆云就对他说，你难道不懂得"朝闻夕死"的道理吗？这句话的意思是，哪怕是早晨明白了圣贤之道，晚上就死去也甘心。周处听了之后，从此下决心改过自新，最终成为一代忠臣。

"人非圣贤，孰能无过"，"过而能改，善莫大焉"。对于一个人来说，犯错乃至犯罪并不意味着"世界末日"的到来。并且，作为既成的事实，只能接受并面对它，而不能回避。可怕的是对自己的罪错浑然不知，不想赎罪，不思悔改。不想赎罪，不思悔改可能有许多表现，负案在逃是一种表现，在监狱中"假悔罪、真混刑"也是一种表现。假如在监狱的服刑生活结束时，一个罪犯的思想与刚入监时没有差别，尤其是对自己所犯的罪行没有忏悔，那么对于社会来说他就是一种潜在的危险，对于监狱教育改造工作来说则是一个失败的案例，而对于其个人来说，监狱生活仅体现了惩罚的一面，改造的一面完全没有体会到。没有醒悟、没有进步，却白白荒废了时日，这是多么令人惋惜的事情呀！所以，监狱的服刑生活就是从真心悔过开始的，有忏悔才能有自新，告别昨日才能走向新生。

二、克己内省，重新认识自己

"认识你自己"，这是古希腊特尔斐神庙上镌刻的一段文字，据说出自哲学家苏格拉底之口。千百年来，这句话不断被哲人们重新提起，因为它揭示了一个简单的道理：一个人认识自己是最难的。

如果说犯罪入狱是人生的一次重大不幸和挫折，那么从入狱的那一刻起，大家就要重新认识自己，反思过去，争取重新做人。这是社会的期待，是家人的祝福，也是监狱人民警察的殷切希望。然而，正如前面所说，认识自己最难，更别说要面对自己所犯的罪行。根据心理学的研究，对于那些让人不愉快的经历，人们往往会有意识地去选择性"遗忘"，至少不愿意提及。平时我们常说，"揭人不揭短，打人不打脸"，"不要戳人家的痛处"，就是这个道理。但是，不愿意回忆，不想面对，采取回避的办法并不能解决问题。"认识你自己"，这是改变自己的第一步。在中国监狱的大墙上，常常写着这样三句话：

这是什么地方？

你是什么人？

你来这里干什么？

虽然读起来会感到有些扎心，但这三句话恰恰是"认识你自己"这个哲学式思考的最朴素的表达。这是什么地方？监狱。你是什么人？罪犯。你来这里干什么？服刑改造、悔过自新、重新做人。做一个勇于担当责任的人，就应当敢于面对和接受现实。不逃避、不推诿、不掩饰，敢于直面自己所犯下的罪行，承认犯罪事实，承认犯罪危害，真心忏悔，这是接受改造的前提，也是获得新生的前提。如果一个罪犯从一开始就不认同法院的判决，自以为无罪或者认为量刑过重，改过自新就无从谈起。又该如何面对现实、重新认识自己呢？

△ 孔子（公元前551年～公元前479年）
春秋时期思想家

春秋时期，思想家孔子说过一段话，"君子求诸己，小人求诸人"。（《论语·卫灵公》）意思是说，君子遇到事情会反躬自问，严格要求自己，而小人则专挑别人的毛病和不是，苛求别人。儒家另一位思想家孟子进一步发挥了孔子的这一观点，他说："爱人不亲反其仁，治人不治反其智，礼人不答反其敬。行有不得，皆反求诸己。"（《孟子·离娄上》）这段话的大概意思是：我爱别人，可是别人不亲近我，那得反问自己，自己的仁爱够不够；我管理别人，可是没有管好，那就得反问自己，我的才能智慧够不够；我有礼貌地对待别人，可是得不到相应的回应，那得反问自己，自己的恭敬够不够。任何行为如果没有得到预期的效果，都要从自己身上找原因。罪犯在监狱中改造自我，也要有这样的勇气和决心。逐渐从被动改造过渡到主动改造，从"要我改造"变成"我要改造"。但是，在现实当中，的确会有一些罪犯不能正视自己的过去，凡事都采取"求诸人"的态度，想把本该自己承担的责任推出去，敷

△ 孟子（公元前372年～公元前289年）
战国时期儒家代表人物

衍了事，蒙混过关。殊不知，这样做的结果反而是害了自己，使自己永远也走不出昨天的阴影。

【知识链接】

儒家的"克己内省"思想

如何处理人际关系，如何对待自己和他人？儒家在这个问题上有个基本的原则，就是要"克己"。也就是说，要严格要求自己，约束自己的言行，使之合乎道德规范。同时，为了达到"克己"的目的，就要不断"内省"：就是对自己进行思想分析，自觉进行思想监督，使自己的思想道德观念合乎外在的道德规范要求。

孔子的许多主张都体现了"克己"精神，如"君子求诸己，小人求诸人"，"躬自厚而薄责于人"（对自己要严格要求，多责备，对别人要宽容，少责备），"攻其恶，无攻人之恶"（多检讨自己的缺点错误，少攻击别人的缺点错误），"己所不欲，勿施于人"（自己不想要的，不要强加给别人）。在"内省"方面，孔子的学生曾参的一段话最有名："吾日三省吾身，为人谋而不忠乎？与朋友交而不信乎？传不习乎？"也就是说，我每天多次反省自己，替别人办事有没有尽心尽力呢？和朋友交往有没有不讲信用呢？老师传授的知识有没有认真复习呢？儒家的这些观念在今天也被接受和推广，"严以律己，宽以待人"就是一个例子。

要想提升自己的认识水平，我们需要先搞清楚这样三个概念：事实、观点、立场。

事实是独立于人的判断的客观存在。从理论上来说，事实是最不容易产生争议的，不是真就是假，似乎能一目了然。然而，现实世界有时会复杂到你无法判断事实。比如，一个竖立的圆柱体，你从上面看，看到的是一个圆形，你从侧面看，看到的是一个长方形或者正方形，如果你换个角度斜着看，也有可能看到一个椭圆形。作为一个客观存在的实体，当我们对它的了解不够全面的时候，就很容易产生一种类似于"盲人摸象"的效果。所谓"横看成岭侧成峰，远近高低各不同"说的就是这个意思。

观点是你对一个事实的看法。观点和你的关系比它和事实的关系更加密切。举个例子，你觉得 30℃ 是热还是冷？那要看你自己当下的状态，大家可以做一个简单的实验：把你的两只手分别放到凉水和热水中浸泡片刻，再同时将它们放入温水中，你会发现自己的两只手居然在一盆水中同时感受到了冷和热。由此可见，观点是没有对错的，你自己的知识结构，你掌握的信息以及你的思维模式决定了你的观点。

立场就是被位置和利益影响的观点。比如，几乎所有的家长都会认为自己的孩子看上去"更可爱"。在这种情况下，除非你能和对方有相同的位置与利益，否则你们是不可能达成共识的。这一点，在辩论场上的表现尤其明显，作为正方和反方，辩论时所持的观点往往是针锋相对的。但是，当主持人突然要求双方交换立场的时候，你会发现双方选手稍作调整之后就可以立刻调转到自己本来反对的立场上，继续进行相互辩论。这就是立场——不争对错，只争输赢。

由于客观条件的限制，大多时候，人们对于一些事实的了解和认识往往是局部的、片面的，每个人自身的状态、思维的方式也各不相同。因此，对于同一个事实完全有可能产生不一样的观点，再加上不同立场所牵涉的利益纠缠，对于同一个案件产生不同的看法，其实是再正常不过的事情。除此之外，对于那些迟迟不愿认罪悔罪的罪犯来说，很多时候问题真正的核心并不在于案件本身，而在于他们始终无法接受自己有罪的这一事实。就好像是在"装睡"一般，自己压根不愿意"醒来"，所以也就无法被叫醒。

三、自我纠正，避免陷入误区

在现实的服刑生活中，影响罪犯认罪服法的错误观念大致有以下五种：

第一种是"环境影响论"。所谓"环境影响"，就是说自己的犯罪是外界环境造成的，否认主观因素是犯罪的决定因素。有的罪犯认为自己犯罪是受社会风气的影响和刺激，有的把自己的犯罪归咎于生活和经济困难，有的还辩称自己犯罪是他人所逼，等等。总之，都是"环境所迫""不得已而为之"。这些错误认识实质上是为自己的犯罪开脱罪责。要知道，人的一切言行都是受自己的思想——内因支配的，客观环境只是外因。某些外因虽然对犯罪有不同程度的诱发作用，但毕竟是次要的原因，生活在与罪犯同一环境中的绝大多数社会成员都能遵纪守法，就是最好的证明。俗话说："苍蝇不叮无缝蛋。"外因只能通过内因起作用，一个人走上犯罪道路，归根到底为自己的犯罪思想所决定的。

第二种是"违法无害论"。所谓"违法无害论"，即承认犯法，不承认害民。有些罪犯贪污了大量赃款赃物没有挥霍，案发后全额退赔了，或者虽然挥霍了，但也全额赔偿了，便认为无害于国家和人民，因而大闹申诉；有的捕前职位较高的干部或所谓经济能人，认为自己对单位、对企业、对国家作出那么大的贡献，吃点喝点拿点，算不了什么；有的甚至错误地认为行贿受贿是"交际应酬"的需要，是为本地区、本单位谋利益求发展，应该是功臣，怎么会与犯罪扯到一起呢？这些观点显然是非常荒谬的。他们只看到自己的行为可能换来一时一地的经济发展，却看不到自己的行为严重败坏了党风和社会风气，扰乱了经济秩序和正常的经济环境，阻碍着国家建设和经济改革的顺利进行，使国家蒙受了巨大损失。否认社会危害性，其实质就是不承认犯罪。

第三种是"对比吃亏论"。所谓"对比吃亏论"，就是有些罪犯采取相互比较的方法，通过比案情、比数额、比危害结果、比刑期等认为"自己判重了，吃亏了"。持有这种观点的罪犯，整日沉溺于不满情绪之中，沉溺在主观臆测之中。他们有的与同案相比，认为罪名相同，同在一个案子，为什么有轻有重；有的与不同地区的罪犯相比，认为数额相同，甚至还少，为什么数额少的反而判得重；有的用适用新刑法与老刑法相比，认为老刑法判得重新刑法判得轻；还有的和社会上尚未发案的人相比，认为自己只是"小鱼"，那些"大鱼"未抓未判，为什么要判我。实践证明，尽管相同罪行的人很多，但每个人的案情是千差万别的，各有各的特点，哪怕是同案也是如此。比如，性质相同，情节不一定一样；情节相同，数额不一定一样；数额相同，危害结果不一定一样；还有坦白交代的态度和退出赃款赃物也不一定一样。因此，看起来相同的案件甚至同案判处的刑期不同是正常的，不足为怪。对于罪犯的刑罚不是哪个人说了算，而要严格依法定罪量刑。《刑法》第 5 条规定："刑罚的轻重，应当与犯罪分子所犯罪行和承担的刑事责任相适应。"《刑法》第 61 条规定："对于犯罪分子决定刑罚的时候，应当根据犯罪的事实、犯罪的性质、情节和对于社会的危害程度，依照本法的有关规定判处。"此外，还要根据犯罪者的认罪态度，按照"惩办与宽大相结合"的原则进行判处。对于每个犯罪分子的定罪判刑，都是根据这些规定全面衡量的，不会因为犯罪人的地位身份、省籍的不同给予轻重悬殊的差别待遇。至于一些罪犯与社会上尚未发案的人相比，更是无稽之谈。严厉打击各种刑事犯罪是我们党和政府的一贯立场，"苍蝇"要拍，"老虎"要打，"小鱼"要捉，"大鱼"更要抓。每个案件都有其特性，每个判决都有其针对性，主观臆断，盲目攀比只是企图逃避处罚的借口。

第四种是"轻罪重判论"。所谓"轻罪重判论"，就是有些罪犯对自己犯罪的性质、情节等，歪曲辩解，避重就轻，进而认为定性不准，量刑不当，轻罪重判。这也是推脱罪责、不认罪服法的一种表现，必须进行批判。这些罪犯往往是由于对法律知识缺乏了解或自作聪明，企图减轻或逃避自己的罪责。有的罪犯只看到自己退赃了、自首了，可以从轻处罚的一面，却看不到自己还有从重处罚的情节。也有的罪犯在犯罪枝节问题上纠缠，以达到避重就轻的目的。应当指出的是，法院的判决、裁定，是以犯罪人的主要犯罪事实和主要犯罪情节来确定的，申诉人提出的枝节问题只要是不影响判决、裁定结果的，法院都不会予以采纳。对于罪犯判刑处罚，是以事实为根据，坚持罪刑法定，罪刑相适应的原则，在法律规定的幅度内量刑，绝不存在量刑畸重的情形。

第五种是"风头官司论"。至于罪犯所指的"风头"，无非指的是我们党和政府针对各个时期严重违法犯罪活动所采取的各种专项治理和"严打"斗争。在这时候被判刑的罪犯有的认为是吃的"风头官司"，判刑太重，这种看法无疑是片面的。因为，除这些时期之外，公安、司法部门对破坏经济秩序的犯罪分子和破坏社会治安的刑事犯罪分子一直在严打，从来没有放松过。只不过有的打击比较集中，声势比较大而已。但是，对于罪犯判刑处罚，仍然是以事实为依据，以法律为准绳，严格依法办事，绝不是超越法律、违背法律的"从重从快"。因此，罪犯被判刑吃官司完全是因为实施了犯罪活动，触犯了刑法，而不是什么由"风头"决定的，如果怨天尤人，就只能怨自己咎由自取，罪有应得。

以上这些论调，说到底都是"不认罪"的心理在作怪，有这样的心理，在服刑过程中自然就会通过行动表现出来。有的罪犯坚持认为法院判决不公，自己是被冤枉的，所以长期无理缠诉，拒不认罪。有的则公开散布不认罪言论，打击先进，拉拢落后，搞小集团，为自己的反改造行为站脚助威。更有甚者公开顶撞监狱人民警察，抗拒改造，扰乱改造秩序。无数鲜活事例证明，这样做的结果不仅影响了监狱正常的工作，最终深受其害的是罪犯本人。

为了避免陷入上面这些认识误区，我们需要正确地认识究竟什么是"认罪悔罪"：

认罪概括地说就是要承认自己所犯的罪行，包括承认全部的犯罪事实，深刻认识犯罪的危害性和严重性，以及承担起触犯刑法而受到法律制裁的责任。在此基础上，还要做到服从法院的判决，接受刑罚，服从监狱人民警察的管理，遵守监规纪律，积极改造。认罪是罪犯接受改造的前提条件，是弃恶从善的基本要求。

悔罪是指罪犯在认罪服法的前提下向社会真诚地表示忏悔。悔罪反映罪犯对其犯罪行为的反省程度，不仅包括主观上对于自己罪行的社会危害性的醒悟和内疚，还包括客观上不再危害社会的行动和表现。对于罪犯来说，要经过较长时间的考验才能认定其悔罪，并且是需要贯穿服刑始终的。

认罪悔罪是改造的第一步，然而，这关键的一步迈出去并不容易。某监狱罪犯洪某某，因为强奸罪被判刑11年，并且被害人还是洪某某的晚辈近亲属。在服刑期间，洪某某多次违规违纪，消极改造，对抗管理，被监狱确定为"重点关注对象"，转入严管监区服刑。根据负责改造的民警的介绍，这名罪犯的特点有两个，一是角色认知偏差；二是前途认知消极。由于侵害的是亲属，并且是晚辈，所以洪某某很忌讳别人提及他的犯罪经历。并且，他私下里一再声

称："我没有犯罪，我的那点事是被冤枉的。"分析这个案例，洪某某的表现源于他不认罪，而更根本的原因在于他不敢、不愿面对自己的过去和罪行。所以他才千方百计地为自己的罪责开脱。由于家人对他的痛恨和不齿，不和他联系，也不给他汇款，所以他也不在乎处遇级别，开始"自暴自弃"。认为"没有什么奔头，也没有什么活头，除非是自己的案子翻了"。

洪某某的情况虽然比较特殊，但还是能反映出一些普遍性的问题。洪某某不承认自己犯罪，并不是他真没有犯罪，而是他不敢面对自己的罪行。他把希望全部放在"翻案"上，知道这个幻想不能实现之后就混刑度日，"破罐子破摔"。他甚至不想减刑，因为他不知道出狱之后如何面对家人和亲属。在监狱中，许多罪犯也和洪某某类似，内心明知罪责难逃，甚至扪心自问常常悔恨不已。但是，真正落实到行动上，又

不能痛下决心，面对未来，与旧我决裂。犯罪本来就是对受害人、对社会、对家人的一种伤害，如果犯罪者本人再不能回头，固执己见，结果就如同洪某某一样成为被家人嫌弃、被他人唾弃的对象。

思考题

1. 如何重新认识自己？
2. 如何真心悔过，从头开始？

第二节　四个方面：认定的依据

对于一名正在服刑的罪犯来说，要想真正做到认罪悔罪，就不能只停留在口头上，而是需要拿出具体的行为表现来证明。监狱衡量一名罪犯是否"认罪悔罪"，主要看其是否能够同时做到以下几点：

一、承认犯罪事实，服从法院判决

认定"认罪悔罪"的第一个方面，就是能够承认人民法院刑事判决书认定的全部犯罪事实，对判决认定的罪名、刑期、财产性判项无异议，服从法院判决。

承认犯罪事实是认罪的基础，如果连自己的犯罪事实都不愿承认，不敢承认，就不可能诚心接受处罚，更谈不上服从监管，自觉改造。因此，罪犯要做到认罪服法，必须首先承认犯罪事实，这是认罪服法的起码要求，具体包括以下方面。

（1）承认犯罪事实是确实存在的，不否认。犯罪事实是无法否认的，但有的罪犯不愿意认罪，心存侥幸，认为我不说，就查不到，所以极力否认；有的明明偷窃了，就是不承认，人赃俱获，还要抵赖；有的杀了人，人证、物证俱全，仍不承认，如此这般，就是不认罪的表现。犯罪的事情做了就做了，做了就应该承认。有的罪犯承认一部分，否认一部分；承认小的，否认大的，这都不对。全部否认也好，部分否认也好，都是不正确的态度。其实，否认也是没有用的，法院判决是"以事实为依据，以法律为准绳"。

（2）承认犯罪事实是客观真实的，不歪曲。有些罪犯承认犯罪事实确实存在，但千方百计地歪曲它，把事情颠倒，把情节弄乱，把性质混淆，等等。还有的罪犯出于"面子"的考虑，在与监狱人民警察谈话时，或与同犯交谈时，有淡化犯罪，歪曲真相的现象。歪曲事情的真相，是罪犯不认罪的惯用伎俩。罪犯既然承认犯罪事实，就应当还事实于本来面目，不歪曲事实真相。刻意歪曲事实真相，实质上是否认犯罪，这种思想和态度非常不利于接受改造。况且，犯罪事实是歪曲不了的，法院的刑事判决书上有认定。

（3）承认认定的犯罪事实是正确的，不纠缠。在罪犯犯罪的事实中，存在主要犯罪事实和主要犯罪情节，这是认定罪犯犯罪的依据。承认犯罪事实，也就是要求承认这些主要犯罪事实和主要犯罪情节。有的罪犯对主要犯罪事实和主要犯罪情节无话可说，却在枝节问题上纠缠不休，或申辩凶器为铁铲不是铁棍，或申辩作案是3点钟不是5点钟，等等。纠缠枝节问题的目的，是想减轻罪责，改变量刑。殊不知，只要认定的主要犯罪事实和主要犯罪情节是正确的，细枝末节的差异，并不影响判决的正确性。有的罪犯抓住枝节问题反复申诉，屡屡被驳回，进而责备法院不负责。其实法院是负责的，对法律负责，对人民负责，也对罪犯负责。法院接到申诉状一看，所述问题不影响定罪和量刑，毫无疑义，一般是不会立案再审的。罪犯劳神费力一场空，还不如把精力集中在积极改造上。

（4）做到承认事实与承认犯罪的统一，不狡辩。承认犯罪事实，不能只承认事实，不承认犯罪。例如，有的罪犯说："那回事是有的，但不一定就是犯了罪。"所以，光承认事实不行，一定要在承认事实的基础上承认犯罪，做到承认事实与承认犯罪的统一。实际上，行为是不是犯了罪，犯了什么罪，应处什么刑罚，法律都有具体的规定。可以对照法律反思自己的罪行。问题是，有一些罪犯学习法律，运用法律，不是从认罪出发，而是从开脱罪责出发，思想观点存在偏向。如果以平常之心，公正之心，民众之心，对照法律认识犯罪，是能够从中得出正确答案的。

在承认犯罪事实的基础上，罪犯还需要做到服从法院判决。即对法院判决书上认定的犯罪事实、定性和量刑等要无条件地服从。具体包括以下方面：

（1）服从法院判决对犯罪事实的认定。法院在对罪犯定罪量刑之前，先要对犯罪事实作出认定。判决书上历数的，就是法院认定的犯罪事实，而且是犯罪的主要事实和主要情节。对于判决书上认定的事实和情节，罪犯要服从，不能存有疑义。因为，判决书上认定的事实和情节都是证据确凿的，而且在审判过程中罪犯也是认账的，不能在拿到判决书以后，又出尔反尔。尤其是现在，判决已经生效、交付执行，又对事实和情节提出疑义，那显然是对法律的不负责任，也是对自己的不负责任。

（2）服从法院判决对犯罪性质的认定。对犯罪定性是一个复杂的综合过程，必须分析被侵害对象的情况，犯罪危害后果，刑事责任人的自身情况，还要看犯罪的目的和动机等，其依据是十分明确的。《刑法》对各种犯罪行为都作出了明确具体的规定。只要实施了某种犯罪行为，触犯了刑法某一条，就构成了什么罪。有的罪犯自以为目的和动机是看不见的，是靠自己嘴说的，因而把强奸说成通奸，把杀人说成伤害，把故意说成过失，等等，这是枉然的。自觉服从法院判决，罪犯就必须从自身的犯罪事实上，认清自己的犯罪性质。

（3）服从法院判决的量刑。有的罪犯在犯罪事实无法否认，定性也提不出疑义的情况下，在量刑上纠缠的现象比较普遍。罪犯在量刑上攀比是不恰当的。每个人犯罪的情节，犯罪的后果，犯罪所造成的影响，是不一样的。世界上没有两个完全相同的案件，案件与案件之间根本就没有办法比较。要比只能跟法律比，看对自己犯罪的量刑符合不符合法律的规定，只要法院量刑没有违背法律的规定，都是正确的。

需要提醒的是，党的政策是国家法律的先导和指引，是立法的依据和执法司法的重要指导。因此，法律需要体现和服务于党的政策，当党的政策调整和形势发生变化时，法律就需要适应变化了的情况而进行必要的修改。全国人大常委会多次做出的有关决定，就是依据党的政策对刑法进行的补充和修改。所以，同一类案件，因"时期"不同即法律规定不同而出现"重"或"轻"的现象是正常的。

法院在量刑中,一般会充分考虑从轻的情节。应当明确的是,就一个具体案件来说,应从轻到什么程度,如何具体实施从轻的量刑裁决,要视案件的全面情况而定。并不是所有从轻的情节,就一定要从轻量刑。在许多案件中,既有从轻的情节,也有从重的情节,如果只看到从轻的情节,忽视从重的情节,就会陷入认识的误区。

二、剖析犯罪原因,反思人生教训

认定"认罪悔罪"的第二个方面,就是能够剖析犯罪的主观原因,找准犯因问题,结合自身犯罪史和成长史,分析思想演变过程,反思人生教训,深刻书写犯因性问题清单,制订针对性的改造计划。

任何事物、任何现象的产生都有其原因,犯罪也不例外。正确归因自己的犯罪行为,这是罪犯能否真诚认罪悔罪的基础。因为一个人只知道自己有错,不知道错在哪里、是什么原因导致犯下的错误,那是很难真正改正错误的。因此,必须仔细剖析犯罪原因,深挖犯罪根源。具体包括以下三个方面:

(一) 从思想上剖析犯罪原因

一个人之所以走上犯罪道路,其原因不外乎有两个方面,即主观方面和客观方面。罪犯应当从主观、客观两个方面来剖析自己的犯罪原因,并着重从个人主观上进行剖析,而不是在客观上推卸责任。只有从主观上深挖自身的犯罪原因,才能真正地认罪悔罪,从而在改造中不走或少走弯路。多数罪犯在思想层面存在以下四种情形:

1. 极端个人主义

极端个人主义体现在一切为了个人的私利上。他们的处世哲学是"人不为己,天诛地灭"。从政治上看,极端个人主义同鼓吹"个性解放"、绝对自由、绝对民主的无政府主义如出一辙,都是对中国共产党的领导、人民民主专政和社会主义制度的公开反对，其要害是把个人利益凌驾于党、国家和人民利益之上。从经济上看，极端个人主义追求金钱至上，正如一些财产犯罪分子所说的那样，"有奶就是娘"。为了金钱，可以不顾道义，不要廉耻，甚至铤而走险。其要害是损人利己，唯利是图。事实上，个人与他人、个人与社会是相互依赖的，既互为目的，又互为手段的。只顾个人私利去损害他人和社会利益是不道德的，而且脱离社会规范，人的个性也不可能得到发展。

2. 享乐寄生思想

享乐寄生思想是一种骄奢淫逸的生活方式，并以寄生为基础，是把个人快乐幸福建筑在别人痛苦之上的一种扭曲人生观。有这种思想的人，常把"人生在世，吃喝二字"奉为信条，追求花天酒地、纸醉金迷的生活。有的为了满足奢侈生活的需要，不择手段地进行盗窃、诈骗、走私、抢劫，甚至杀人；有的利用手中的权力肆无忌惮地搞权钱交易、贪污受贿；还有些人的享乐思想不仅表现在对物质的追求上，还反映在对淫乱的追求上。享乐寄生思想所表现的形式和追求的目标无论怎样，都是导致犯罪的重要原因，这是毋庸置疑的。

3. 信奉"哥们义气"

"哥们义气"的封建行帮思想是旧社会遗留下来的瘟疫，至今还在散发着毒气。一些年轻人以此作为自己处世的哲学，作为做人的信条。他们认为，"在家靠父母，出门靠朋友"，为朋友"两肋插刀"就是"混江湖"的最高道德准则。许多罪犯以"哥们义气"为精神纽带，组成犯罪集团，在个别地区甚至发展成为黑社会势力。这种人只讲"哥们义气"，不顾是非黑白，为了所谓"情谊"，不顾法律威严。这种"哥们义气"的封建行帮思想具有极大的破坏性，也是一些暴力犯罪和共同犯罪的重要思想根源。

4. 法制观念淡薄

法制观念强，就能正确处理人与人之间、个人与集体之间、个人与国家之间的关系，保证自己的言论和行动符合法律规范。反之，法制观念弱，就极易颠倒三者之间的关系，违背人民的意志，触犯法律而犯罪。因法制观念淡薄而导致犯罪的，大体有两种情况：

一是不学法不知法。搞不清什么是合法行为，什么是违法行为，什么是犯罪，什么不是犯罪。因而犯了罪还不知道，稀里糊涂，直到被逮捕法办，才恍然大悟。李氏兄弟二人，对自己的父母十分孝敬，远近闻名。他们看到邻居的儿子经常侮辱打骂老父亲，便恨在心中，发誓要除掉他。一天，邻居的儿子正对其父亲施暴，李氏兄弟认为机会已到，一个拿板凳朝邻居儿子的头部打去，一个用刀砍过去，当场将其打死。结果，李氏兄弟受到了法律的制裁。他们二人事后想不通，认为除了个忤逆子，做了一件好事，怎么说是犯罪？他们不知道，儿子忤逆父亲，应该由法院依法处理，而任何个人无权去杀人。杀人触犯刑法就构成犯罪。这个案例是一个典型的法盲悲剧。

二是知法不守法。犯罪者也知道合法与违法的界限，对违法犯罪也有所顾忌，但存有侥幸的心理。正如赌徒赌钱一样，明知是违法犯罪，但在金钱的诱惑下，总认为不一定被捕，还要碰运气再赌一场，捞一把，结果受到了法律的制裁。这种情况在现实生活中并不少见，有不少罪犯就是因此而走上犯罪道路的。由此可见，知法、懂法而不守法，仍然会违法犯罪。守法光荣，违法可耻，知法而去违法犯罪就更加可耻。

（二）从心理上剖析犯罪原因

正常人的心理调控适度，能够适应社会和生活的需要；不正常的人，其心理调节失控，甚至存在严重的心理障碍和心理疾病，就有可能导致行为的异常。

1. 畸形需要

需要是有机体对内部环境和外部生活条件的要求在头脑中的反映。任何人都有自己的需要。人的一切活动都是为了满足个体的某种需要。因此，需要是个体积极性的内在源泉，是个人活动的基本动力。但人的需要不是随心所欲的，必须受到社会道德、法律规范的制约，以道德、法律规范所允许的方式来满足。否则，就会受到舆论的谴责和法律的制裁。有些人犯罪，正是畸形需要心理得不到及时的调控和遏制，并任随畸形需要心理的发展形成恶性膨胀。从而采取种种非法的、不符合道德规范的手段去达到目的，导致走上犯罪的道路。

2. 意志薄弱

罪犯犯罪的心理原因表现在意志方面存在缺陷，即由于意志薄弱而导致犯罪。罪犯意志薄弱表现在：一是有的缺乏主见，盲目服从。在个体行动中没有明确的目的性，屈从于别人的影响，对于别人的思想、行为不加辨别、不分好坏完全接受。例如，有的罪犯参加团伙犯罪，起初也意识到了行为的危害性，但在他人的劝说、教唆下，盲目附从，随波逐流，选择继续进行团伙犯罪活动。二是有的固执己见，独断性强。独断性较强的人，表面上似乎是独立地采取决定、执行决定，但实际上缺乏自觉性，不考虑自己所采取的决定是否合理，固执己见，经常毫无理由地拒绝考虑别人的批评、劝告，我行我素。例如，醉酒驾车肇事犯罪的人，平常就有酗酒的"固执症"，无论怎样劝告，他总是不改酗酒的毛病，结果醉酒驾车，导致交通肇事犯罪。三是有的行为任性。一些罪犯之所以犯罪，其原因表现在放纵自己，毫无约束、感情用事、任意而为，往往喜欢为所欲为，肆无忌惮。在遭受失败和挫折时，既不能忍受苦难的折磨，又不能抵制外界对自己的威逼和利诱，常常强调客观困难，不能严格要求自己，一错再错，知错不改，结果导致犯罪的发生。每个罪犯必须认识自己意志品质的缺陷，努力培养自己良好的意志品质。

3. 情感、情绪失控

情感是指人们反映外界事物时所体验出来的态度。人们在认识和活动中，总会对客观事物持有一定的态度。当他持有肯定态度时，就会产生喜爱、满意、愉快、尊敬等内心体验；当他持有否定态度时，则会产生憎恨、不满意、痛苦、愤怒、恐惧等内心体验。

如果一个人的情绪、情感包含不良的内容，且不加控制任其发展，积累到一定程度就有可能导致犯罪。不良情绪、情感的失控表现在：一是因为不满情绪失控导致犯罪。一个人一旦对客观外界事物产生不满情绪，就会使头脑处于紧张状态。例如，有人因嫉妒、仇恨等不满情绪发展到一定程度，即达到"忍无可忍"的地步，便会引发犯罪动机而进行凶杀、投毒、纵火等犯罪活动。二是因为激情爆发导致犯罪。激情是一种强烈的、短暂的、爆发式的情绪状态。激愤、暴怒、恐惧、狂喜、剧烈的悲痛、绝望等都是激情的表现。处在激情状态下的人，其认知活动的范围将会缩小、狭窄，自我控制能力减弱，往往不能约束自己的行动，不能正确评价自己的行动意义及预见行为的后果，就可能产生犯罪行为。当家庭发生重大变故时，其家人往往会产生激情反应，就极易产生报复心理，以牙还牙，导致犯罪。

（三）从行为上剖析犯罪原因

不良行为习惯也是导致犯罪的重要因素。不良行为习惯的产生原因，是思想上的偏差、观念上的误区和心理上的不健康，它们在导致犯罪方面的恶劣作用突出表现在以下三个方面：

1. 行为表现上的劣根性

有些人，特别是青少年，由于从小受不良环境的影响（如居住的社区、乡村的风气不良，赌博成风、对小偷小摸不以为然、将打架斗殴视为小事，等等）染上了不良的行为，如赌博成瘾，浪荡成性，好吃懒做成癖等。这些人的不良习性和不良习惯，如果不及时改正，任其发展，甚至恶化，就可能引导他们走上犯罪的道路。

2. 行为方式上的盲动性

也就是说，某些人不经考虑、不计后果、不顾客观条件盲目地去干违法的事情。这种行为方式上的盲动冲动，往往会造成犯罪的严重后果。一些罪犯当初就是因为行为上"不动脑子"而犯罪的。例如，一些犯聚众斗殴罪的人，当初就是出于"哥们义气"，冲着朋友的面子，也为了给自己挣"面子"，"朋友"一个电话，就"杀将"过去，根本没想到自己的行为会产生什么后果，结果危害了社会治安，自己也锒铛入狱。

3. 行为走向上的反向性

行为朝着社会规定的反方向走，即严重逆反心理的表现。逆反心理的强化又导致反向行为的强化，最终导致犯罪。在这类犯罪中，以"二进宫""三进宫"的累犯、惯犯最有代表性。这些人对自己的犯罪没有正确的认识，不是从自己身上找犯罪的根源，而是错误地认为自己是"倒霉""命不好"，对法律的惩罚抱有怨恨和抵触情绪。因而，在他们重返社会后，不仅没有吸取教训，反而以更强烈的逆反心理对待社会，甚至报复社会，以近乎变态的心理，变本加厉地作案，从而走上了"再犯罪"的道路。

总而言之，一个罪犯只有真正从上述方面，认准了、弄清了、深挖了犯罪的根源，才能真正悔罪、赎罪，将自己改造好。

三、认清犯罪危害，反思"三性三账"

认定"认罪悔罪"的第三个方面，就是：能够认清犯罪行为对国家和社会的危害；认清犯罪行为对被害人造成的人身、财产、精神损害；认清犯罪行为对家庭的危害；计算出经济损失账、亲情伤害账、社会危害账。

根据我国《刑法》第13条的规定，一切危害国家主权、领土完整和安全，分裂国家、颠覆人民民主专政的政权和推翻社会主义制度，破坏社会秩序和经济秩序，侵犯国有财产或者劳动群众集体所有的财产，侵犯公民私人所有的财产，侵犯公民的人身权利、民主权利和其他权利，以及其他危害社会的行为，依照法律应当受刑罚处罚的，都是犯罪。

犯罪给国家、社会和公民以及自己的家庭造成了严重危害，而且这种危害是多个方面的，既有物质性危害和非物质性危害，又有直接的危害和间接的危害，还有当时产生的危害和遗留下来的危害，等等。认清犯罪危害就是要认清并牢记自己的犯罪在政治上、经济上、物质上等各个方面给国家、社会和公民以及自己的家庭造成的严重损害。对于罪犯来说，能否认清自己的犯罪危害是关系到能否走好新生之路的关键问题。能够正确认识犯罪后果及其危害，这既是真正认罪的表现之一，也是悔罪的认识基础。具体包括以下方面。

（一）认清犯罪的社会危害性、刑事违法性和应受处罚性

社会危害性是指犯罪行为对我国刑法所保护的社会关系造成的实际危害或者现实威胁。这种危害可以是物质性的，如财产损失、人身伤害等，也可以是精神性的，如名誉损害、社会信任度下降等。社会危害性的大小取决于犯罪行为的性质、情节、后果以及行为人的主观恶性等因素。在刑法中，社会危害性是犯罪行为的一个重要特征，也是国家对某种行为予以刑罚制裁的基础。

刑事违法性是犯罪的法律特征，指犯罪行为违反了刑法的规定。社会危害性与刑事违法性之间具有密切的联系：社会危害性是刑事违法性的基础。只有当某种行为具有社会危害性，且达到一定程度时，国家才会将其规定为犯罪，并给予刑罚制裁。刑事违法性是社会危害性的法律表现。国家通过刑法将具有严重社会危害性的行为规定为犯罪，并通过刑罚来制裁这些行为，从而维护社会秩序和公共利益。

应受处罚性，是指危害社会的行为不仅要达到触犯刑事法律规范的严重程度，而且必须应当给予刑罚处罚。这是从社会危害性这一犯罪的基本特征派生出的犯罪的第三个特征，也是区分犯罪与其他违法行为以及不道德行为的一个重要标准。一般来说，社会危害性越大的犯罪行为，所受到的刑罚制裁也就越严厉。例如，故意杀人罪与盗窃罪相比，前者对社会的危害性显然更大，因此其法定刑也更为严厉。此外，社会危害性的程度还影响着刑罚的适用和执行方式。对于具有严重社会危害性的犯罪行为，国家可能会采取更为严厉的刑罚措施，如死刑、无期徒

刑等，以确保社会的安全和稳定。

（二）反思犯罪的经济损失账、亲情伤害账和社会危害账

任何犯罪都有可能带来直接或者间接的经济损失，尤其是把几个人、几十个人犯罪所造成的危害集中起来看的话，犯罪危害的严重性就会得到比较充分的展示。据某监狱对所关押罪犯的犯罪事实调查统计，造成的直接经济损失达 2382.5 万元，侵害对象 2014 人，其中死亡 121 人，真可谓"不算不知道，一算吓一大跳"。如果再将受害人和罪犯被判刑之后所失去的劳动收入等间接经济损失也计算在内的话，其数量肯定更加触目惊心。

除了犯罪直接带来的经济损失，还有必要算清楚对被害人和罪犯双方亲属所带来的不可避免的亲情伤害。以醉酒驾车致人死亡为例，被害人的亲属永远失去了自己挚爱的亲人，而锒铛入狱的罪犯本人也面临着无法与亲人朝夕相处，甚至不得不面对老无所养、幼无所依的悲惨境遇，独自品尝亲人离世、家庭破碎的苦果。每个罪犯都应当认清自己的犯罪，不仅给国家、给社会、给被害人造成了巨大的伤害，同时也给自身和家庭带来了巨大的不幸，使自己失去了人身自由，断送了大好前程和美好青春，同时亲人们因你感到羞耻、痛恨，为你而伤心、担忧。精神上的压抑、生活中的艰辛，使许多罪犯亲属不堪重负。

尤其值得重视的是，犯罪行为对社会所造成的危害往往更加不可挽回。例如 2008 年的三聚氰胺毒奶粉事件，截至 2008 年 9 月下旬，共有约 5 万人接受门诊治疗，死亡 4 人。由于这一案件，整个奶粉产业一时间都被推上了风口浪尖，国产奶粉在消费者心中的信誉度急剧下跌，导致整个产业都陷入了一片萧瑟之中。再比如一些涉及到危害国家安全性质的犯罪，本质上相当于是为了一己私利出卖了整个国家的安全和利益，一旦发生紧急状况，全体人民的利益都将受到不可估量的损害。

因此，只有通过查算经济损失账、亲情伤害账、社会危害账这

"三笔账"，反思自身罪行所带来的社会危害性、刑事违法性、应受处罚性，才能真正从内心深处感受到对自身罪行的愧疚和悔恨。

四、具有悔罪表现，履行判决义务

认定"认罪悔罪"的第四个方面，就是在明确表达认罪悔罪的同时，通过自觉服从管理、积极接受改造、履行财产刑、主动坦白检举等形式来证明自己的悔罪之心，以自己的实际行动对所犯下的罪行表示忏悔。

一个人在悔罪时，动机是复杂的。他可能出自良心的动机而进行忏悔式悔罪，也可能出自利己动机而进行自我保护式悔罪。因此，悔罪存在局限性。那么，如何克服这种道德局限呢？那就是保持悔罪的道德性，强调真诚的悔罪。一个真诚的悔罪不论采用书面还是口头形式，必须表达明确，毫不含糊；在表达内容上，要承认错误，表示后悔；在实际行动上，要实事求是，切实有效。否则，就不是真诚的悔罪。具体来说，有以下三个方面。

（一）履行判决义务

1. 服从监狱管理

监狱管理涉及罪犯日常生活的各个方面。真诚悔罪就是要全面服从监狱的各项规章制度管理，不断增强服刑意识。

一是真诚悔罪必须服从监狱人民警察的管理。对罪犯执行刑罚，是通过监狱人民警察的工作来实现的。《监狱法》第5条明确规定："监狱的人民警察依法管理监狱、执行刑罚、对罪犯进行教育改造等活动，受法律保护。"从这一条款我们可以看到，党的政策和国家法律、监狱的各项监管制度，都是通过监狱人民警察作用到每一名罪犯身上。监狱人民警察是法律的执行者，是法律的化身，代表着国家法律。罪犯能否服从监狱人民警察的管理教育，意味着能否服从国家意志，能否服从法律。监狱人民警察要执法，罪犯必须服法，这是国家法律严格规定的，每名罪犯都不得违反或怠慢。服从监狱人民警察的管理，是服从法律判决、接受刑罚制裁的起码要求。

二是罪犯在服刑期间应该认真遵守监规。认真遵守监规要求罪犯在行刑期间严格遵守法律法规和监狱内的各种规章纪律，服从管教。遵守罪犯行为规范主要是指遵守《监狱服刑人员行为规范》。该规范从五个方面全面规定了罪犯服刑期间必须遵守的规则，包括基本规范、生活规范、学习规范、劳动规范、文明礼貌规范。此外，该规范还规定了互监组制度、违禁品与违规品管理等各项监规纪律的要求。

2. 接受监狱改造

罪犯首先是认识到犯罪，然后是对犯罪的悔悟，最后是诚意接受改造。如果没有正确的人生观和是非观，仅简单地认识到此次犯罪的性质和危害并不难，出于利害关系的考虑，后悔实施犯罪并接受改造也不难，但是其人身危险性中的再犯可能性并没有完全消除。因此，我们所谈的"认罪"，不仅指认识到此次犯罪的性质和危害，还包括认识到一切犯罪行为的罪恶和危害。"悔罪"也不仅是对此次违法的内心悔恨，更是对国家法律的尊重和遵守，积极参加改造。这是对具有悔罪表现的认罪服法的终极目标，即认识到此次犯罪的错误并决心不再实施其他犯罪行为，从而建立正确的人生观和是非观。只有这样的认罪服法才能被认定为具有悔罪表现的认罪服法，被动地在监狱中生活和劳动不能体现罪犯的悔罪性，因此不能将之认定为严格意义上的悔罪。

3. 积极履行附加刑

我国刑法当中有 200 多个罪名可以单独或者可以选择适用财产刑，财产刑和自由刑一样，都属于罪犯应当履行的刑罚。2016 年《最高人民法院关于办理减刑、假释案件具体应用法律的规定》中，将生效裁判中财产性判项的履行情况作为可以减刑的综合考察因素之一。如果罪犯有能力履行而不履行，或者不全部履行，则应当从严适用减刑，甚至不予减刑和假释。此外，该司法解释还新增了以下规定：（1）法院在交付执行时，应一并移送罪犯财产性判项的执行与履行情况；（2）罪犯有义务向刑罚执行机关报告其在刑罚执行过程中自觉履行财产性判项的情况；（3）减刑、假释的审理法院有权就财产性判项的执行与履行情况向原执行法院进行核实；（4）负责办理减刑、假释的法院在必要时，可以协助执行生效裁判中的财产性判项。

根据《最高人民法院关于刑事裁判涉财产部分执行的若干规定》第1条，"财产性判项"主要包括以下内容：（1）罚金、没收财产；（2）责令退赔；（3）处置随案移送的赃款赃物；（4）没收随案移送的供犯罪所用本人财物；（5）其他应该由人民法院执行的相关事项。

将财产刑的执行作为罪犯减刑、假释的条件，体现了刑罚执行的严肃性和完整性，打消了罪犯财产刑执行或不执行都一样可以减刑、假释的错误认识。这一做法有效防止了罪犯在经济上"占便宜"，发挥了经济制裁和法律震慑的双重作用，更有利于对罪犯的改造和管理。如果有执行能力的罪犯没有认真履行罚金刑及民事赔偿责任，监狱及法院机关在日常管理以及在减刑、假释的适用政策上，可以视其为"不具有悔改表现"。真诚悔罪的罪犯，就应主动履行法院判决，承担法律义务，在服刑期间也可以积极制订财产刑的履行计划。比如，主动控制自己狱内的采买消费，用劳动报酬抵扣罚金等，都是呈报减刑的重要条件。

（二）表达悔罪决心

1. 告别过去、决裂旧我

一个人之所以走上犯罪的道路，不是一时造成的，这与其长期形成的思维模式、主观意识有关，与其成长的环境、个性相连，所以要想真正成为一个守法公民，就要有勇气告别曾经的自己，坦然面对服刑的事实。真诚悔罪的过程就是与自己曾走过的犯罪道路诀别，修正自己的人生航向，走上遵纪守法的道路，改变以前的行为方式，远离曾经的朋友圈，根除好逸恶劳的恶习，用辛勤劳动获得合法报酬，自食其力，做对国家、对家庭有贡献的人。

2. 积极向被害人悔罪

向被害人悔罪是指犯罪发生后，罪犯主动向被害人真诚忏悔，坦白犯罪事实，希望取得被害人谅解，甚至达成和解，这种悔罪就是"恢复性司法"。这种悔罪方式为罪犯与被害人提供了一个解决纠纷的机会，使他们能够就犯罪所造成的损失进行商谈，以减少被害人的物质损失。同时，也为被害人提供了一个充分表达自己的想法和发泄痛苦情绪的机会，使被害人的精神痛苦能够得到最为直接与最大程度的缓解。我们常说，认罪悔罪不能仅停留在一张"认罪悔过书"上，更重要的是要落实在行动上。而公开认罪、真诚道歉、给予赔偿等都是值得重视的形式。积极弥补受害人的损失是真诚悔罪的具体表现。虽然罪犯现在处于服刑改造中，但也可以力所能及地对受害人予以补偿，如可委托自己的亲属代为赔偿。有的罪犯将自己的劳动报酬寄给受害人，以表示自己的悔罪赎罪之心。这种行为感动了受害人，取得了较好的社会效果。

3. 回馈社会，消除影响

除向被害人表达忏悔和补偿之外，罪犯还可以通过回馈社会的方式表达自己的悔罪之心。比如，有的罪犯在认识到自己的罪行危害之后，就将自己的劳动报酬捐给当地的希望小学；有的罪犯在看到地震、洪水的新闻后，主动联系家人向受灾群众捐款捐物；还有的罪犯在出狱后积极投身公益事业，通过做义工、无偿劳动等方式为社区做贡献等，都是表达自己悔罪赎罪之心的有效途径，也是消除不良影响的具体举措。

（三）主动坦白检举

坦白检举是认罪悔罪的具体表现，是关系罪犯当前改造与将来回归的一件大事。一方面，它有利于罪犯放下包袱踏实改造，与过去的犯罪生活划清界限，清除隐患，斩断重新犯罪的祸根；另一方面，它有利于营造干净良好的改造氛围，惩治违法犯罪，进一步稳定社会秩序。

1. 放下思想包袱，纠正模糊认识

（1）消除侥幸心理和蒙混过关的思想。在司法实践中，难免有一些罪犯在审讯、起诉和审判阶段，没有如实地、彻底地交代罪行，司法机关也由于种种原因暂时没有查清，暂时没有作出相应的处理。这部分罪犯带着余罪来到监狱，心存侥幸，为自己蒙混过关沾沾自喜：我犯的案子没人发现，只要我不说，谁也不知道。如果有人举报，就算我倒霉，能瞒就瞒，瞒不过去再说。殊不知"法网恢恢，疏而不漏"，不论你有多聪明，你策划作案多周密，只要你犯了罪，注定要留下蛛丝马迹。强大的政治攻势，巨大的宣传力量，在全社会已经营造出同一切犯罪行为作斗争的氛围，任何犯罪分子在这种形势下都无所遁形。另外，高科技的刑侦技术，先进的防范措施，都可以根据犯罪现场留下的痕迹迅速找出犯罪线索。监狱每年都有一些罪犯因拒不交代余漏罪而在罪行暴露后被押回重审、加重处罚。即使一时隐瞒住了罪行，但沉重的思想负担，害怕暴露的心理压力，使自己整天生活在高度紧张之中，每逢监狱人民警察找人谈话，司法机关来人调查，就心慌意乱，并出现担心、害怕、恐惧、敏感等症状，最后导致自己的精神彻底崩溃。因此，罪犯应当及时坦白交代余罪、漏罪。这样做可以放下包袱，也能争取坦白从宽的机会，避免罪行暴露受到更严厉的惩罚。

（2）消除害怕加刑的思想。多数罪犯害怕坦白检举后被加刑。"坦白从宽，牢底坐穿；抗拒从严，回家过年"是很多犯罪分子和罪犯奉行的一句话。其实，这是对我国司法制度的不了解。我国的司法制度是严肃的，刑罚执行是公平正义的，罪犯只有主动坦白罪行，才能得到法律的宽恕。在铁的事实面前，任何抗拒行为都是无济于事的，到头来只能"搬起石头砸自己的脚"！

（3）消除对政策能否兑现表示怀疑的思想。相当一部分罪犯对法律规定的自首、检举情节可以减轻或者免除处罚的规定持怀疑态度，总认为这是政府的宣传，是政策攻心，不一定能兑现。这是罪犯对法律、政策认识上的误区。大量的事实充分证明，自首可以赎罪，检举可以立功。

（4）消除检举后害怕被报复的思想。有的罪犯认为检举揭发他人犯罪，自己在监狱服刑，别人奈何不得，但家里人会遭到打击报复，其实这种顾虑是完全没有必要的。对于罪犯揭发检举后的检举人及其亲属的安全问题，监狱和其他司法部门是非常重视的。其一，在接收和处理举报的程序上有着严格的保密制度，任何人都不得泄露有关涉及案件的情况，否则将会受到相应的处分，构成犯罪的将被依法追究刑事责任。其二，严格采取保密措施，保证举报人的身份不被泄露，依法保护举报人的人身安全和合法利益。因此，罪犯完全不必为此担心。

（5）消除担心检举的线索不准，影响今后改造的思想。政府鼓励罪犯进行自首和检举，只要检举内容不是无中生有，不捏造陷害，不故意伪造事实，即使查不出结果，也不会影响今后的改造，更不会加重刑罚。

2. 相信法律，主动坦白检举

《刑法》第 67 条规定："犯罪以后自动投案，如实供述自己的罪行的，是自首。对于自首的犯罪分子，可以从轻或者减轻处罚。其中，犯罪较轻的，可以免除处罚。被采取强制措施的犯罪嫌疑人、被告人和正在服刑的罪犯，如实供述司法机关还未掌握的本人其他罪行的，以自首论。犯罪嫌疑人虽不具有前两款规定的自首情节，但是如实供述自己罪行的，可以从轻处罚；因其如实供述自己罪行，避免特别严重后果发生的，可以减轻处罚。"《刑法》第 68 条规定："犯罪分子有揭发他人犯罪行为，查证属实的，或者提供重要线索，从而得以侦破其他案件等立功表现的，可以从轻或者减轻处罚；有重大立功表现的，可以减轻或者免除处罚。"《刑法》第 78 条第 1 款规定，"被判处管制、拘役、有期徒刑、无期徒刑的犯罪分子，在执行期间，如果认真遵守监规，接受教育改造，确有悔改表现的，或者有立功表现的，可以减刑；有下列重大立功表现之一的，应当减刑：（1）阻止他人重大犯罪活动的；（2）检举监狱内外重大犯罪活动，经查证属实的；（3）有发明创造或者重大技术革新的；（4）在日常生产、生活中舍己救人的；（5）在抗御自然灾害或者排除重大事故中，有突出表现的；（6）对国家和社会有其他重大贡献的"。

需要指出的是，《最高人民法院关于处理自首和立功具体应用法律若干问题的解释》中对自首和立功作了具体的规定，其中第5条对立功的情形加以分类，将立功具体分为五类，包括：

（1）犯罪分子到案后有检举、揭发他人犯罪行为，包括共同犯罪案件中的犯罪分子揭发同案犯共同犯罪以外的其他犯罪，经查证属实；（2）提供侦破其他案件的重要线索，经查证属实；（3）阻止他人犯罪活动；（4）协助司法机关抓捕其他犯罪嫌疑人（包括同案犯）；（5）具有其他有利于国家和社会的突出表现的，应当认定为有立功表现。

上述"重大犯罪""重大案件犯罪嫌疑人"的标准，一般是犯罪嫌疑人、被告人可能被判处无期徒刑以上刑罚或者案件在本省或者全国范围内有较大影响的情形。

《监狱法》第29条也有对罪犯在服刑期间有阻止他人重大犯罪活动和检举监狱内外重大犯罪活动，经查证属实的应当给予减刑的规定。

另外，在监狱现行的各种考核、管理制度当中，也对罪犯在服刑期间坦白检举行为给予了积极肯定，并视具体情节分别给予奖分、表扬、记功等行政奖励。

3. 把握重点，如实坦白检举

（1）需要重点坦白检举的罪犯：①流窜犯、团伙犯、累犯、惯犯；②涉黑犯、涉毒犯、涉枪犯；③集团犯罪的案犯；④重大经济犯罪、盗窃犯罪和其他重大犯罪的案犯；⑤假姓名、假地址、假简历的罪犯；⑥长期无正当职业、无正当收入、以犯罪为生的罪犯；⑦其他有余罪的罪犯。

（2）坦白检举揭发的重点范围：①重大暴力案件。例如，杀人案件、抢劫案件、伤害案件、强奸案件、投毒案件及其他暴力案件；②重大经济案件。例如，贪污受贿案件、挪用公款案件、诈骗案件，走私案件等其他经济案件；③盗窃案件；④涉黑、涉毒、涉枪案件；⑤集团犯罪和带有黑社会性质的流氓恶势力犯罪案件；⑥其他影响大、性质恶劣、后果严重的案件。

（3）监狱内违法犯罪检举的重点：预谋杀人案件、预谋脱逃案件、狱内盗窃案件、狱内诈骗案件、狱内外勾结违法犯罪案件及其他违法犯罪案件。

正是真诚地认罪悔罪，罪犯才会对刑释之后的生活有更为清醒的认识，才会合理地制订新生活的目标与计划，并认真努力地付诸实施，新的生活才能真正开始。

思考题

1. 犯罪的原因和教训都有哪些？
2. 算算犯罪的"三笔账"，思考如何用行动忏悔？

第三节　知行合一：改造的阶梯

俗话说："知易行难。"明白了认罪悔罪的意义，知道了认罪悔罪的要求，想要真正做到认罪悔罪，还需要付出不懈的努力才行。哲学家梁漱溟先生在"忏悔——自新"一文中曾经写过这样一段话：

"人类生命是沿着动物的生命下来的；沿着动物的生命而来，则是近于一个动的机器，不用人摇而能自动的机器。机器是很可悲的，他完全不由自主。我之所谓可悲悯，就是不由他自主。很容易看见的是：我们活动久了就要疲劳睡觉，不吃饭就饿，很显著的像机器一样。其他好恶爱憎种种情欲，多半是不由自己。看这个贪，看那个爱，怠忽懒惰，自甘堕落，不知不觉的他就那样。照我所了解的，人能够管得住自己的很少。假如好生气，管住不生气好难！在男女的关系上，见面不动心好难！他不知怎的念头就起了。更如好名，出风头等，有时自己也知道，好歹都明白，可是他管不了自己。"

梁先生接着写道：

"若是资质很聪颖的人，他自己有点才气，其问题就越复杂，越难办！虽然他才气有，聪明有，但怕他私欲也比旁人盛，比旁人多。大概有聪明的人，好出风头，爱面子，对声色货利等等，格外比旁人贪，格外比旁人求，这是他斩不断的病。"

"如果谁能够对自己的责备越严，其忏悔也越深，这种人大概是好人。"[1]

普通人尚且需要不断忏悔、自新，更何况罪犯呢？

但是，正如梁先生所说，克制自己、管住自己很难。因此，在认罪悔罪的过程中，罪犯要努力做到四个字——知行合一。"知行合一"是

---

[1]　梁漱溟：《朝话：人生的省悟》，百花文艺出版社 2005 年版，第 3~5 页。

由中国明代思想家王守仁提出来的哲学理论，意思是：认识事物的道理与实行其事，是密不可分的。其中"知"是指内心的觉知，对事物的认识，"行"是指人的实际行为。据《传习录》中的记载，王阳明认为："知为行之始，行为知之成。"意思是：知是行的开始，行是知的完成。用现代的话来说就是，一个

人只有将自己内心的觉知与认识落实到行动上，才算是一次完整的认知过程。要想真正达到"认罪悔罪"的标准，彻底实现"改造自我"的目标，就必须牢记"知行合一"的原则，把"行动"作为"认知"不可缺少的一部分，来指导和推进自己的改造生活。

具体来说，罪犯想要通过个人的努力做到认罪悔罪，切入点无非就是知、情、意、行四个方面。

所谓"知"，即认识，就是首先要从思想上认同法院的判决，承认犯罪事实和犯罪危害。"知"，也可以说是从理智上站在知法守法的立场上，从思想认识上与过去划清界限、一刀两断。例如，罪犯赵某，因在监狱私藏违禁品受到禁闭处分，无期改判被推迟一年半的时间，这使回归的路无形中延长了两年半的时间。集训结束后，赵某不断思考着"这是什么地方""你是什么人""你到这里来干什么"三个直指灵魂的提问，配合各项法律法规和行为规范的学习，他认识到自己过去的形象是那样的丑陋，自己的行为害了别人也害了自己。痛悔之余，赵某领悟到一个道理，那就是，如果做不到从思想上真正认罪悔罪，那么行动上的改造就无从谈起。有了认识上的提高，赵某从此积极参加监狱组织的各项活动，认真学习，积极劳动，并主动向民警汇报思想。此后，赵某连续3年无违纪、无扣分，并在各项活动中取得一系列成绩，后来他被评为"文体标兵"。从这个例子能够看出，"知"在认罪悔罪和改造中的重要性。

"情"即情感，就是从情感上以违法犯罪为耻，站在受害人的角度考虑他们的感受。什么是正确的情感？对违法犯罪的行为要痛恨，对守法的行为要拥护、支持、赞赏。古语说得好，"如恶恶臭，如好好色"。（《礼记·大学》）臭的东西，你见了就厌恶；美好的东西，你见了就喜欢，这才是正确的情感。看到好的、高尚的、奉公守法的就抵触，就远离；看到低俗的、丑陋的、违法乱纪的就喜欢，就亲近，就不能说是正常的情感了。在改造实践中，大家要有意识地培养自己的正确情感，做到明辨是非、爱憎分明。

"意"就是意志力。有了认识上的提高，能明辨是非，也产生了爱憎分明的情感，但是落实到行动上还需要有坚定的意志力。这一点要靠平时的不断努力，逐步克服不良习惯和转变思想意识才能实现。

最后是"行"，就是行动、实践。把前面的所有认识、情感、意志最后落实到行动上、服刑实践中，这才是检验一个罪犯是否真正认罪悔罪的标准。

【延伸阅读】

大墙内的他们，这样认罪悔罪[1]

开展认罪悔罪教育是监狱履行改造罪犯的法定职责，有效提高改造质量的根本保障，也是维护监管安全的重要基础。2024年以来，按照罪犯教育改造工作安排，某省监狱管理局在全区监狱服刑罪犯中按月组织开展"认罪悔罪人人说"活动，不断强化服刑罪犯认罪悔罪

---

〔1〕"大墙内的他们，这样认罪悔罪"，载 https://www.moj.gov.cn/pub/sfbgw/jgsz/jgszzsdw/zsdwzgjygzxh/zgjygzxhxwdt/202407/t20240717_502958.html，最后访问日期：2024年11月5日。

意识，进一步营造认罪悔罪、洗心向善的良好改造氛围，发挥了"改造一人，教育一片，影响一群"的作用。

"走进演播室现身说法"

各监狱鼓励认罪悔罪态度较好、具有典型示范意义的服刑罪犯走进狱内电视台演播室，结合自己的犯罪事实、改造经历和服刑感受等，深刻讲述自己是如何认罪悔罪的，为什么要认罪悔罪，认罪悔罪对服刑改造的重要意义等。某监狱服刑罪犯马某某在讲述中说道："我因犯贩卖毒品罪入狱服刑，刚开始我不能接受残酷的现实，毫无认罪悔罪意识，不遵守监规纪律，整日昏昏沉沉虚度光阴，在民警的耐心开导下，我的思想慢慢发生了转变。在监狱'6·26'禁毒日专题教育中，我了解到我国十年来有数百名公安民警在缉毒工作中牺牲，当看到视频中那浸满鲜血的警服时，我才意识到自己所犯下的罪行给国家和社会带来了多么严重的危害，面对那些禁毒英雄和被毒品祸害的家庭，我万分愧疚。在此，我深刻忏悔，希望同犯们以我为鉴，积极认罪悔罪，不要再走弯路。"

该省监狱管理局根据各监狱每月制作的"认罪悔罪人人说"视频，每月精心制作全区监狱罪犯"认罪悔罪人人说"教育片，安排在"教育日"当天播放，同步组织全区监狱罪犯观看学习。在前几期教育片中，已有36名服刑罪犯主动现身说法，涉及多种犯罪类型。他们在镜头前根据不同犯罪类型的危害，深挖犯罪根源，用自己的亲身经历和切身感受帮助其他服刑罪犯正确认罪悔罪，尤其是帮助那些认罪悔罪态度不端正、缺乏改造动力、对待改造消极迷茫的服刑罪犯重新树立改造信心，找到改造方向。

"他们的讲述尤为深刻"

在参与"认罪悔罪人人说"录制的服刑罪犯中，有9名罪犯较为特殊，他们是在"走访监狱特殊群体困难家庭工作"中接受帮扶的罪犯。此前，各监狱积极联系自治区民政、团委、妇联、残联、红十字会、民盟等政府部门及社会团体共同开展家访，对罪犯困境家庭或困境未成年子女提供法律援助、心理疏导、就学助学等支持，帮助罪犯修复家庭关系，重系亲情纽带。作为受帮扶罪犯，他们带着由衷的感恩之情，主动面对镜头讲述党和政府及社会各界对监狱特殊群体的关心关怀，让支离破碎的家庭得到修复，让深处困境的未成年子女得到救助，用自己真真切切的感受倡议全体罪犯认罪悔罪、改过自新、踏实改造。本期节目一经播出，即在罪犯群体中引发了强烈共鸣。"我因故意伤害罪入狱服刑。之前，我觉得人生毫无希望，我父母年事已高、身有残疾，3个未成年孩子无人照料，面临辍学和心理问题。因此，我持续沉沦、消极改造。在这个时候，监狱开展的走访工作像一束光照亮了我灰暗的人生，帮助我的家庭走出困境，在感动、感激的同时，身为罪犯的我无比愧疚，使我真正认识到自己所犯罪行给国家、社会、亲人，以及受害人带来的巨大伤害。"女子监狱服刑罪犯杨某某在讲述中声泪俱下。

"观看后他们有话要说"

认罪悔罪教育是服刑罪犯基本适应改造的一项重要内容，是把服刑罪犯改造成为合格守法公民的根本前提，能够帮助服刑罪犯认清犯罪危害和犯罪根源，端正改造态度，增强法律意识和改造信心。本次"认罪悔罪人人说"活动，改变了以往的"我说你听"传统模式，以"人人说、人人学、人人思、人人做"的形式，增强服刑罪犯的参与度，讲述的内容具有代表性、普遍性和较强的教育意义，让每名服刑罪犯都能从中找到自己的影子，以身边人身边事进行"沉浸式"教育，达到"改造一人，教育一片，影响一群"的效果。在集体观看学习后，各监区组织服刑罪犯开展交流分享，书写心得体会和忏悔书，让每名服刑罪犯都有机会为自己"发声"，从国家、社会、家庭、受害人等不同角度深刻剖析犯罪危害，引导他们"识己罪、知羞耻、促悔罪、见行动"，从而端正改造态度，做到知耻而后勇。各监区在内部刊物上搭建交流分享平台，开辟"认罪悔罪人人说"专栏后，收到大量投稿，连续多期刊登服刑罪犯学习心得，进一步深化了认罪悔罪教育成果。某监狱服刑罪犯李某在忏悔书中写道："同犯们动情地讲述，让我感同身受，也让我重新审视了所犯的罪，回想自己的所作所为，我感到无地自容。今后，唯有踏实改造、真诚悔罪才能报答党和政府的恩情，才能不辜负民警的教诲和亲人的期盼。"

思考题

1. 如何理解"知行合一"？
2. 如何认罪悔罪？

推荐书目

1. 《底层逻辑——看清这个世界的底牌》，刘润，机械工业出版社2021年版。
2. 《认知觉醒——开启自我改变的原动力》，周岭，人民邮电出版社2020年版。

推荐电影

《烈日灼心》（2015年），曹保平执导。

第五篇

服刑生活

生活没有旁观者，即使身陷囹圄，也同样融入了生活之流。服刑生活是一种特殊的人生，它教你从细节开始重新认识社会规范。监狱如同一所特殊的学校，它把漫长的刑期变成求知的学期；监狱又如同一个特殊的工厂，让服刑者在这里体验"防止一切社会病毒的伟大消毒剂"的奇异功效。

【阅读提示】

1. 服刑生活有哪些注意事项？
2. 如何让"刑期"变"学期"？
3. 劳动对于改造有什么意义？

第一节　服刑也是生活

北宋著名文学家、书法家、画家苏轼出生在一个书香世家。他从小天资聪颖、刻苦好学，19岁就考上了进士，职位最高的时候曾官居三品。然而，在他34岁时却因为上书谈论王安石新法的弊病，被构陷卷入了"乌台诗案"，一瞬间从朝廷的宠儿成为阶下囚，还差点丢了性命。从此之后仕途一路坎坷：从黄州到杭州，从广东到海南，可谓是一直被贬，一贬再贬。然而，无论被贬到哪里，无论环境多么恶劣，他都能够怡然自得，没有粮食就自己动手耕种，缺乏佳肴就自己开发美食，每到一处，他都像一颗种子一样，努力扎根生长，从来不把自己当过客，把每一个停留的地方都当成自己的故乡。无论是在惠州还是在儋州，他都

文化讲堂

问汝平生功业，
黄州惠州儋州。
——（宋）苏轼

关心百姓生活，即使手中权力有限，依然尽最大努力为百姓造福，并留下了数不清的千古名作。他的人生故事虽然曲折，但其中蕴含着一个直白、浅显的道理，那就是：一个人不论身在何处，生活都一样要继续。不管过程是苦是乐，是苦多一点还是乐多一点，最终回过头来看，那都是一段生活而已。对于在高墙之内服刑的罪犯来说，这样的日子自然不如外面的世界丰富多彩。然而，生活仍在继续，服刑也是生活，高墙内的生活也有同样精彩的一面。

一、开启一段"特殊生活"

笔者认为，服刑过程是一种"特殊生活"。你无论在何处，都永远不可能脱离生活。在监狱中，是通过生活学习规范；回归社会后，是通过遵守规范享受生活。罪犯要想顺利回归社会，就必须按照监狱的生活

逻辑养成良好的行为习惯，认真过好每一天的生活。

那么，对于从未到过监狱的人来说，服刑究竟是一种怎样的生活呢？是不是像过去的警匪片、国外动作大片里看到的那样帮派林立，一言不合就大打出手呢？会不会像20世纪80年代火极一时的那首《愁啊愁》歌词里所唱的"手里呀捧着窝窝头，菜里没有一滴油……"那样凄凉清苦呢？现实中的监狱，真的是这样吗？

2024年2月16日，北京市监狱管理局在官方微信视频号"北京监狱与戒毒"上，发布了一条名为《大墙内的春节》的短视频。在短短29秒的视频中，大家可以看到宽敞明亮的监舍、干净整洁的厨房、罪犯正在民警的组织下参与丰富多彩的文化娱乐活动……2023年10月15日，四川省监狱管理局在官方微信视频号"四川监狱"发布的短视频《监狱的广而告之》，更是模仿了广告的风格对监狱的各种设施配置进行了详细介绍，一经播出很快就突破了10万+的浏览量和转发量，连点赞都超过了9.1万，一时火遍全网。在信息爆炸的移动互联网时代，其实你只需要动动手指，在搜索栏中输入"监狱"这个关键词，就会出现一大堆相关主题的短视频资料。其中，任意一个经过监狱管理机构官方认证过的账户所展示出来的内容，都是中国当代监狱的真实写照。可以负责任地说，监狱在基本生活保障方面，早就告别了几十年前的往事，"手里呀捧着窝窝头，菜里没有一滴油"绝不是当代中国监狱的真实生活写照。

值得一提的是，这些状况的改善并不是近些年来才发生的。早在1992年，国务院新闻办公室发表的《中国改造罪犯的状况》白皮书对罪犯在监狱中的生活做了如下介绍：

"罪犯有维持正常生活的权利，他们的吃、穿、住、用等物质生活条件由国家予以保障。罪犯人均生活设施面积在5平方米以上，监舍力求坚固、整洁、保暖、通风。据统计，1990年，罪犯平均每人每月实际消耗粮食22.75公斤，蔬菜20公斤至25公斤和相当数量的猪、牛、羊等肉食及鱼、禽、蛋、豆等副食。罪犯每人每天从食品中摄取的热量为 2952 卡。全国不同地区的罪犯年平均生活费为 650 元左右，接近当地居民平均生活标准。"如今罪犯的伙食标准和生活费远比 1990 年要高得多，只不过是得益于近年来媒体的宣传与曝光，这些变化才"姗姗来迟"地与公众见面而已。

当然，虽然条件变得越来越好，但是监狱生活与社会生活依旧是有区别的，这种区别首先体现在它的集体性和统一性上。在大墙外，你可以选择与家人朋友共同居住，也可以选择独处。你可以熬夜打牌、看书、上网，也可以选择早睡早起。但是，在监狱里，生活、学习、劳动都是集体进行的，必须步调一致，统一行动。你不安静睡觉就干扰了别人，你完不成劳动定额就影响了整个班组的进度。这就是不同于普通社会生活的集体性和统一性，这也决定了监狱部门在对罪犯生活管理上突出了依法管理、严格管理、文明管理、科学管理。各级监狱管理部门和各个监狱还制定了细化的制度与规范，以便于对罪犯的生活进行规范化管理，这既是监管安全的需要，也是培养罪犯规范意识和集体意识的需要。

从这个角度来看，服刑过程就是生活的过程，而生活的过程，并不是简单地要求罪犯服从管理，而是尽量使之体会到规范的意义和重要性。因此，一些罪犯以为监狱里规矩多，就是为了折腾人，这种看法是没有理解监狱管理部门和监狱人民警察的良苦用心。试问，一个在监狱中不能按照"规矩"去生活的罪犯，又怎么能在回归社会后成为一个守法的公民呢？所以，监狱生活也是一种教育，教育改造本身就融于监狱生活之中。那么，监狱的生活与社会生活有何不同呢？所说的规矩具体体现在何处呢？下面我们就来详细介绍一下。

监狱里衣、食、住、行这些日常生活细节都有特殊的规矩。

先说衣，也就是着装方面的规矩。在社会上，买衣服尽量讲究风格，要与众不同才好。但是，监狱里则要求整齐划一，所有罪犯都要穿着监狱部门统一制作的囚服。新入监的罪犯都要经历一个固定的程序：理发、领取和更换囚服。理完发，换上统一的囚服就意味着服刑生活正式开始了。囚服的颜色、样式都是一致的，罪犯不得私自改变囚服的标识、样式、颜色，不得私自在囚服上做任何标记，否则将受到严肃处理。

在饮食方面，监狱里绝不是"吃糠咽菜"，这一点罪犯和家属尽管放心。为了保证罪犯的身体健康，《监狱法》第50条明确规定，"罪犯的生活标准按实物量计算，由国家规定"。并且，监狱在伙食管理上会做到两公布，即每周公布食谱，向罪犯伙食委员会的代表公布伙食开支账目。完全能保证罪犯在监狱里吃饱、吃热、吃熟、吃得卫生。但是，监狱在罪犯就餐方面也有特殊的规矩，如要在规定时间、地点就餐，要爱惜粮食，不乱倒剩余饭菜。罪犯不得伙吃伙喝、私设小灶等。

在居住方面，罪犯的监舍是按照监管和国家规定的卫生、防火、防震标准与要求建造的。《监狱法》第53条规定，"罪犯居住的监舍应当坚固、通风、透光、清洁、保暖"。1995年9月，司法部还下发了《关于创建现代化文明监狱的标准和实施意见》，明确了具体的标准、原则和实施步骤，有效地促进了全国监狱的高标准建设。罪犯居住方面的要求具体包括：监舍内划定警戒线，罪犯不得擅自进入警戒线内活动。监舍内安有报警铃，有事可通过班长按铃向民警报告情况。监舍内物品、用具按规定摆放，不得随意挪动。未经民警允许，不得随意串监舍或与其他罪犯串换铺位。

△ 罪犯进行队列训练

在行动方面，总的要求是一切行动听从民警的指挥，离开民警指定的活动区域应先向民警报告，得到允许后方可行动。为了改变罪犯过去自由散漫的习惯，在入监教育时监狱会安排罪犯进行队列训练，以便培养罪犯的组织纪律性、集体荣誉感和遵规守纪的意识，最终达到服从命令、听从指挥的目的。

监狱人民警察是依法从事监狱管理、执行刑罚、改造罪犯工作的人民警察。为了保证日常起居、作息等的统一性、规范性，罪犯必须学会尊重民警，听从民警的指挥，服从民警的管理，接受民警的教育。例如，在民警或者来宾进入监舍时，罪犯要自动起立，不得躺卧偎坐（生病或正在休息的罪犯除外）。听到民警呼唤时，必须立即高声答"到"，接到民警指令后，立即答"是"，出入监区和民警办公区或者有事需请示汇报时，均要喊"报告"。

其实，在衣、食、住、行等服刑日常生活方面，需要注意的规矩和细节还有很多。监狱方面如此细致的规定主要体现了三个方面的考虑。

首先，生活上的细节规范体现了监管安全的需要，可以做到统一管理，方便识别。比如，要求罪犯统一着装，服刑期间"应按照要求佩戴胸卡"就是最明显的例子。监狱内的许多案件证明，如果允许更改囚服标识、颜色，或者穿着便装，就给一些妄图脱逃的人打开了方便之门。其他一些规定，也体现了这一用意。例如，与民警在同一方向行进时，应在民警的右前侧行走，不得与民警擦肩并行。在较窄的路上与民警或者来宾相遇时，要自动停步，靠边让路，放下手持工具，待民警或来宾走过5米后再起步。

其次，生活细节上的要求和规定有利于培养罪犯的身份意识与规范意识。从影视剧中我们经常看到，过去监狱里的囚犯衣服上印着大大的"犯"或者"囚"字。现在，按照我国的监狱法规要求，已经禁止在囚服上印制"罪犯"、"犯人"或者"犯"等字样。但是，罪犯也不能将自己等同于普通公民。由于在监狱服刑，所以在生活细节上还需要按照监狱的规定执行。比如，按要求穿着囚服，男性罪犯留光头或者寸头，女性罪犯留不低于肩的短发等就是对罪犯身份意识的一种强化。身份意识明晰有利于罪犯认罪悔罪，对于一些监狱规范，如果能从这个层面来理解就比较好接受了。除身份意识外，规范意识也非常重要。规范意识的缺乏是许多人犯罪的原因之一，为所欲为、自由放任、散漫懈怠是许多罪犯入监前的习惯和行为作风。教育改造工作是一项严肃的执法活动，担负着传授知识、转变观念、矫正恶习的任务。为了矫正罪犯的不良作风和习惯，有必要依法严格约束和要求，以帮助大家树立规范意识。以着装为例，监狱要求罪犯不得化妆、纹身、染指甲、留胡须，不得戴首饰、穿高跟鞋。如遇参加监狱组织的演出、比赛等活动时，经过民警允许方可根据活动的要求化妆或者穿便服。在室外活动时，未经民警允许，罪犯不得赤膊、光背或穿短裤、拖鞋。

最后，生活细节上的规范还体现了监狱对罪犯的人文关怀。罪犯在监狱中过的是集体生活，人数较多，接触频繁，是传染病易发场所。监狱从保护罪犯身心健康的角度考虑，在生活细节上也做了相应的要求。例如，未经民警允许，罪犯之间不得互借、串换衣物。注意饮食卫生，不喝生、冷、脏水，不吃腐烂变质食物。注意搞好个人卫生，衣物、床单、被褥定期换洗，保持清洁，个人物品按"物品定置图"的规定摆放。按照监狱统一要求，在民警的带领和组织下按时洗澡、理发、剃须、剪指甲等。饮食上的一些规定也体现了监狱对罪犯的关怀，如监狱为有特殊饮食习惯的少数民族罪犯单独设灶。监狱每周改善伙食一次，元旦、春节、劳动节、国庆节等国家法定节假日按照监狱安排进行伙食改善等。

除以上介绍的衣、食、住、行外，监狱还为罪犯安排了丰富多彩的文体娱乐活动，罪犯可以在监狱里从事阅读、书画、表演、体育比赛等活动，相信这些活动会让罪犯的服刑生活更为充实。

二、服刑并非"与世隔绝"

人是社会性的动物，正如马克思所说，人的本质是"一切社会关系的总和"。在监狱中服刑只是手段，回归社会才是目的。为了保证罪犯将来顺利回归社会，我国监狱在行刑社会化方面作出了许多尝试和努力。为了使罪犯不脱离社会，最基本的一点就是保证其通过有效途径与家人、亲属、朋友等保持联系。监狱非但不是"与世隔绝"，还主动为罪犯提供了与社会联系的机会。

对于罪犯来说，入狱服刑的最大损失是失去了自由。因为受到监禁，人的社会身份、社会角色被淡化了。原来你可能是普通公务员、领导干部、厂长、经理、大学教授、工人或者农民，但是在监狱里，所有人都只有一个身份——罪犯。与社会相对隔离虽然是惩罚的必要，但是对罪犯回归社会也有不利的影响。罪犯虽然人在监狱，但是他们与家人、朋友、同事、同学、战友之间的社会关系依旧存在。亲人的企盼、领导的关怀、朋友的鼓励是罪犯安心服刑、争取早日回归社会的精神动力，保持与外界社会的联系是罪犯再社会化的重要条件。基于这样的考虑，为调动罪犯的改造积极性，促使其认罪悔罪，安心服刑，监狱通过多种方式和渠道为罪犯与社会沟通提供方便。这些方式和渠道主要有通信、电话、会见等。

人们想要和远方的亲人、朋友联系，最简单、最便利的方式就是写信。从古至今，书信一直都发挥着"传递消息""沟通感情"的作用。"鸿雁传书""家书抵万金"，撕开信件的喜悦感想必每个人都有切身的体会。直到今天，虽然出现了更快捷的通信工具，但是书信在交往中仍扮演着不可替代的角色。罪犯要想与外界保持联系，最常用的方式就是通信。监狱法规保护罪犯的通信权利，同时罪犯来往信件也必须接受监狱的检查。当然，这里也有例外，就是写给监狱上级机关、司法机关以及各级纪检、监察部门（包括监狱一级）的信件除外。

按照相关规定，罪犯在监狱内不准藏匿、使用电话机、对讲机、传真机等有线或者无线通信工具，一经发现，按破坏监管秩序行为论处。如果罪犯想通过书信以外的方式与亲属、监护人联系，正当的途径是使用监狱的亲情电话。与写信相比，打电话更为方便直接，可以对话，但是在监狱中打电话的要求也相对严格。首先，并不是想给谁打电话都可以，按规定罪犯可以与以下人员通亲情电话：配偶、父母（养父母、继父母)、子女(养子女、继子女)、祖父母(外祖父母)、孙子女(外孙子女)、兄弟姐妹、监护人。其次,打电话的机会也是靠罪犯去争取的,通话次数与罪犯的处遇等级挂钩。可见,机会是要靠自己努力争取的,罪犯在监狱中只有认罪服法、遵守监规、积极改造才能获得更多联系家人、朋友的机会。最后,在监狱内打电话也不同于社会上,通话时要由民警监听并记录。

当今社会生活节奏日益加快,地球已经被戏称为"地球村",通信工具的快速发展让沟通变得越来越便捷。监狱内拨打亲情电话的机会毕竟有限,并且打电话的时间、时限也有明确规定。

电话也好,短信也好,都无法实现面对面交流的愿望。如果罪犯想要和亲属见面怎么办呢?监狱也提供了这样的机会,就是会见制度。《监狱法》第48条规定,罪犯在监狱服刑期间,按照规定,可以会见亲属、监护人。亲属是指配偶、直系血亲和三代以内旁系血亲、养父母、养子女。监护人是指对未成年罪犯和精神病罪犯依法承担监护责任的法定代理人。由于会见是罪犯与社会普通公民的面对面交流,因此在程序和要求上要比通信、电话、短信等更为严格,监狱管理部门对此有详细的规定。

通过以上介绍不难发现,监狱生活既不是"吃糠咽菜",也不是"与世隔绝"。只要罪犯按照监狱法规要求积极改造,就可以享受应有的权利和"自由"。罪犯要想早日回归社会,正确的道路只有一条——真心悔过、认罪服法、积极改造、争取减刑、假释。

思考题

1. 你怎么认识服刑生活?

2. 服刑生活有哪些特殊性?

第二节　刑期也是学期

　　1949 年 10 月 1 日中华人民共和国成立后，新中国彻底废除了旧的监狱制度。在全面总结解放区、根据地监狱工作经验的基础上，以老一辈无产阶级革命家创立的改造罪犯理论为指导，紧紧围绕党的中心工作，在实践中不断探索、创新，逐渐形成了具有中国特色的社会主义监狱制度。其中最有代表性的就是把监狱当作"学校"，将工作的重心聚焦于教育人、改造人。这正是新中国监狱与古代监狱、西方监狱最大的区别所在。

一、监狱是一所学校

　　新中国成立以来，监狱工作方针的表述几经变更，从最初的"三个为了"，到"两个结合"，再到"改造第一，生产第二"，直到现在的"惩罚和改造相结合，以改造人为宗旨"。但是，中国监狱工作的立意和宗旨始终没有变，在精神实质上是一成不变的，都是为了实现将罪犯改造成为"守法公民"这一基本目标，都是围绕教育人、改造人展开的。

　　监狱虽然是执行刑罚的场所，但是监狱更像一所学校。罪犯就像学生，监狱人民警察好比教师，学生在这里学知识、学文化，接受思想道德教育、法制教育、技术教育、劳动教育。刑期到了，学期也就结束了。这不只是一种理想，中国监狱已经把这种理想变成了现实。

　　1981 年，第八次全国劳动改造工作会议在北京召开，同年 12 月，经中共中央办公厅、国务院办公厅转发的《第八次全国劳改工作会议纪要》提出，"要加强对罪犯的教育改造工作，把劳改场所办成改造罪犯的学校"。1982 年，中共中央发出《关于加强政法工作的指示》，进一步强调劳改场所不是单纯的惩罚机关，而是教育改造犯罪分子的学校。1982 年 10 月，公安部在山东潍坊召开全国重点劳改单位现场会，正式提出监狱办特殊学校的历史任务。会议交流了各地办学的经验，参观了潍坊劳改支队（现为山东省第三监狱）的办学现场，提出了争取在三五年内把全国劳改单位分期分批办成改造罪犯的学校的五条标准。在这次会议上，山东潍坊劳改支队被命名为山东潍坊育新学校，这是全国监狱系统办的第一所特殊学校。截至 2000 年年底，全国已有 96.37% 的监狱办成了特殊学校。全国监狱罪犯中累计 311.6 万余人次获得各级文化结业、毕业证书，317.2 万余人次获得各类技术等级证书，取得发明专利项目 130 个。据统计，从 2008 年到 2012 年，全国共有 126 万名罪犯在服刑期间完成扫盲和义务教育课程，5800 余人获得国家承认的大专以上毕业证书。一大批学有所成的刑释人员成了自食其力的守法公民。特殊学校的持续开展，促使大多数罪犯在服刑改造期间遵守监规纪律，积极接受改造，把刑期变学期。不少人刑满释放回到社会后顺利就业。

如今走进任何一所监狱，最气派的建筑基本上都是供罪犯学习的教学楼。1919 年，列宁在《俄共（布）纲领草案》中提出，要"以教育设施代替监狱"。这一理想在中国已经真正实现了。监狱也是学校，刑期也是学期，这不再是一种理想，已经成为现实。

法国作家雨果在自己的小说《悲惨世界》中曾经写道："多一所学校，就少一所监狱。"这句话是一种比喻，他想表达的意思是，文化教育对于减少违法犯罪具有积极意义。在监狱里，也有高学历的罪犯，但是这类罪犯所占的比例毕竟有限。有学者指出，教育和犯罪之间存在无可争辩的关系。没有进过学校的人，得不到符合道德规范的教育，更容易受到外界的不良影响。社会上的失学儿童，或者无人看管的单亲儿童，或者老人无暇看管的留守儿童，他们最容易辍学、失学，也最容易走上邪路、歧途。这是什么道理呢？这还要从人的特点说起。

人类学理论认为，人与动物的最大区别在于人的"未特定化"。也就是说，人类具有高级神经系统、语言器官和手，但在初生之时，其功能还未得到发展。与动物个体相比，初生的人类个体显得十分羸弱，他们不能自己进食，没有语言和思考的能力。而动物则不同，鱼一出生就会游泳，牛、马、羊一出生就能站立行走。而人出生后需要父母、家人的养育才能生存下来，并且活下来还不够，还要经过十几年的家庭庇护才能成人，自立于社会。在这十几年当中，人要上学、受教育、学习语言，学习怎么与人交流，学习规范，知道怎么与人交流更恰当、更合理。假如在这个过程中失去了家庭的管教、庇护，父母不抚养孩子了，孩子就失去了接受家庭教育、学校教育的机会，那么一个人在成长过程中实际上就缺少了一个必要的环节。孩子没有人管了，就得自谋生路，但往往许多人还未成年，所以就容易被坏人利用，寻求不法手段满足生存的需要。曾经有个犯罪分子武某某，他原本拥有一个幸福的家庭。在他13岁的时候，母亲由于车祸身亡，父亲搞蔬菜批发没时间管他，吃饭的钱都被他花在游戏厅里了。原本他学习成绩还不错，经此家庭变故之后，他的学习成绩一落千丈。后来，父亲再婚，武某某就显得多余了。父亲让他自己去找个事干，自己养活自己。离开家后，武某某就开始在火车站捡酒瓶。捡酒瓶不足以养活他，有时候就干些小偷小摸的事情。再后来，遇上了"师傅"，开始职业行窃，最终发展到抢劫、杀人。一位教授在点评武某某犯罪的经历时说："现实是，他们要为基本的生存即食物和冷暖而挣扎。问题在于他们不具有任何可供选择的合法手段去谋生，因为他们尚未完成接受抚养和教育的程序。所以，他们的生存只能以不择手段的方式进行！不择手段的结果必然是犯罪！"在应当坐在教室里学习的年龄没有机会学习，或者没有抓住机会学习，文化程度低导致没有正当的职业谋生，所以违法犯罪的发生率也会比较高。相反，受过高等教育的人，一般都能找到比较理想的职业，生活稳定，违法犯罪的可能性就比较低。这就是为什么监狱里的罪犯文化程度都相对比较低的原因。

一个人文化程度低，还容易出现一个结果，就是缺乏理性。也就是说，容易冲动，感情用事，缺少远见，只图一时之快。用俗话说，就是"做什么事情不走脑子"。想想很多人犯罪的过程，不就是这样么？想一夜暴富，想马上把问题解决掉，想冒把险，干把大的。或者为朋友两肋插刀，只顾哥们义气，无视国家法纪，这些是缺乏理性的表现，也是引发违法犯罪的导火索。说了这么多，道理已经很明显了：没有文化意味着蒙昧，无知容易导致犯罪。

也许有人在想，那么我们这些罪犯岂不是彻底完蛋了吗？不但没有文化，还犯罪入狱，哪还有希望？其实事情总是有两面性的，命运给你关了一扇门，但是帮你打开了一扇窗。古语说，"亡羊而补牢，未为迟也"，"失之东隅，收之桑榆"。一个人在监狱里没有了自由，但是他也省去了很多不必要的应酬和干扰。社会上的人，每天要上班、务工，下班还要照顾家人，与朋友聚会、交往。但在监狱里，人与人的关系就相对简单一些，省去了许多"俗事"。所以，如果能利用好这一有利条件，监狱正是读书学习的好地方。只要能转变思路，肯下工夫，把刑期当成学期，把监狱当成学校，罪犯也一样可以成为有用之才。

【延伸阅读】

探寻三年来北京首场大墙内的高自考[1]

"铃铃铃……"随着全国高等教育自学考试延庆监狱考点响起的一声清脆铃声，4月15日，北京市监狱管理局狱内罪犯高自考正式开始。与此同时，北京市监狱管理局清河分局、北京市监狱、良乡监狱、未管所、女子监狱等6个考点共计70名罪犯，同时参加当天的全国高自考专本科考试。

---

〔1〕 徐伟伦："探寻三年来北京首场大墙内的高自考"，载《法治日报》2023年5月9日，第10版。

今年已经是北京市监狱管理局第 37 年组织狱内高自考。1986 年 4 月 6 日，经北京市教育部门批准，北京市监狱率先在全国设立高等教育自学考试特殊考场，80 名罪犯参加考试，成为北京历史上首批以罪犯身份参加高等教育自学考试的特殊考生。37 年以来，北京市各监狱共组织 2.8 万余人次罪犯参加高自考，其中 1.3 万余人获得单科结业证书、89 人获得专本科毕业证书，在狱内圆了"大学梦"，为监管安全持续稳定和改造质量稳步提升，向社会回送"守法公民"发挥了重要作用。

2020—2022 年，北京市监狱管理局狱内高自考因新冠疫情防控暂停。在北京市教育考试院的支持指导下，自今年 3 月起，北京市监狱管理局在罪犯中积极开展宣传发动、摸底调查、注册报名和考务保障等工作，鼓励符合条件的罪犯积极报名，争取良好成绩。截至报名结束，共有 70 名罪犯报考 134 科次，其中年龄最大的 67 岁、最小的 17 岁，涉及法律、会计、工商企业管理、行政管理等 12 个专业，报名人数和科次均比疫情前的 2019 年有所增长。

"此次延庆监狱通过组织罪犯集中复习、督促自学和民警辅导等方式帮助罪犯积极备考，充分保障罪犯学习时间、场地和备考资料等必要的学习条件，营造浓厚的学习氛围。"延庆监狱教育改造科科长孙志友告诉记者，罪犯通过参加高自考，不仅提高了文化素养和学历，也为融入社会打下了良好基础。

报考金融相关专业的延庆监狱罪犯吴某告诉记者，除了日常的学习生活，他从今年 2 月开始全力备考，平均每天用三四个小时复习，监狱为他们提供了丰富的备考资料，同时组建了学习小组，方便自学和互相交流，同时还有安静的复习教室，"今天上午的科目考得还不错，分数及格没有问题"。

二、珍惜学习的机会

孔子曾经说过一句话："生而知之者，上也；学而知之者，次也；困而学之，又其次也；困而不学，民斯为下矣。"（《论语·季氏》）孔子是把人分为四等，一等人是"生而知之"的，一出生不用学就全知全能。这当然不可信，只是一种比喻而已。二等人是"学而知之"，就是通过学习才能有文化，

△ 某监狱文化课新学期开班仪式

懂得道理。世界上最多的就是这种人了。三等人是"困而学之"，就是遇到了挫折、困难才去学习，从知识当中寻求答案。四等人是"困而不学"，遇到了挫折、困难也不知道学习，不思进取。这样的人"民斯为下"，就是最下等的。罪犯入狱从个人角度来看是人生的一种困境、挫折，如果不去学习，不知道从知识中寻求帮助，那么更是一种遗憾。如何走出困境，从挫折中重新爬起来走向新生呢？答案是学习。学习知识、接受教育可以帮助罪犯早日告别昨天，找到新的航向。

学习之所以能够帮助人们走出困境，是因为通过它可以解决人们自身一直存在却始终没有解决的各种问题。尤其是对正在服刑的罪犯来说，珍惜学习的机会，接受教育改造对于优化认知结构、培养健康心理、矫正自身恶习、增长知识技能都有着非常重要的作用。党和政府正是从关怀、救济罪犯的角度出发，为罪犯提供了良好的学习环境，并通过奖励、考核等形式，激励罪犯接受教育。长期以来，中国监狱重点开展以下方面的教育，具体内容如下：

（一）思想教育

思想教育是实现改造罪犯任务的重要途径，思想教育的主要内容包括法制、道德、劳动、时事、专题教育等。

1. 法制教育

它主要解决罪犯知法、守法、服法的问题。内容主要包括法律的基本知识教育、社会主义法制常识教育、现行主要法律教育、监管改造法规和监规纪律教育以及认罪服法教育等。

许多罪犯之所以走上犯罪道路，是因为不知法、不懂法、不守法，甚至在被判刑后，仍然不知道自己为何入狱服刑。这种思想上的迷惑直接制约了改造积极性的激发，进而影响了接受教育改造的效果。对罪犯进行法制教育有利于罪犯认罪服法，服从管理，接受改造。罪犯能否承认自己所犯的罪行，是其能不能接受改造的先决条件。罪犯大多是因法制观念淡薄而走上犯罪道路的，进入监狱以后，有些罪犯仍因不知法、不懂法、不信法，面对法律的判决产生种种表面的看法，埋怨司法人员执法不公；有的编造和散布种种不认罪服法言论；有的苦恼、烦躁、产生自卑心理，消极对待改造；更有少数罪犯由于对判决的不满、不服，发展到抗拒改造，甚至铤而走险，又重新走上犯罪道路。

开展法制教育，能使罪犯更好地了解和掌握法律的性质、内容、地位、作用、定罪量刑的原则要求，从而促使罪犯承认犯罪事实，认识犯罪危害，深挖犯罪根源，加速悔过自新。具体地说，在罪犯中开展法制教育，首先，有利于增强罪犯法制观念和自我保护意识。罪犯的犯罪行为在危害社会危害他人的同时，也害了自己。开展法制教育，可以使罪犯明白法律保护什么、禁止什么；提倡什么、反对什么；什么是合法行为、什么是违法行为。这将有助于罪犯逐步养成自觉守法的良好习惯，从而可以避免因不知法、不懂法、不信法而糊里糊涂地作出损害国家、社会和他人利益的行为。同时，当自己的合法权益受到他人侵害时，也懂得用法律的武器保护自己。其次，有利于罪犯矫正恶习，培养良好品德，把自己改造成为守法公民。罪犯已经形成的犯罪思想、意识、恶习，不会因被逮捕、判刑而立即消除，在进入监狱以后的相当长的一段时间内仍会以种种形式表现出来。开展法制教育，旨在通过法律知识的普及，动摇并削弱罪犯的不良企图和反改造的动机，抑制其不良行为的发生。这一过程充分发挥了法制教育的矫正作用，帮助罪犯逐步消除导致犯罪的各种意识，改变其在犯罪生涯中养成的种种不良习惯。通过法制教育，罪犯将学会如何处理个人与个人之间、个人与集体之间以及个人与国家之间的关系，从而做到正确行使公民的基本权利和履行公民应尽的义务。只有这样，在刑满释放后，他们才能成为知法、守法和自觉维护法律的公民。

法制教育是罪犯转变思想、矫正恶习、改过自新的强大武器。每一名罪犯通过学习，要深刻认识法的阶级性、强制性，切实把握《宪法》等法律的具体规定，正确理解法律，做到认罪服法；要熟识法制教育的本质、特点；要全面了解现行《民法典》《刑法》《监狱法》《监狱服刑人员行为规范》等法律法规的条文，自觉用法律法规和监规纪律约束自己的行为；要联系犯罪和改造实际，认清犯罪危害，深挖犯罪根源，以实际行动重新做人。

2. 道德教育

道德教育的内容主要包括公民道德教育、中华传统美德教育、世界观、人生观、价值观教育、社会主义荣辱观教育、道德修养教育等。道德教育旨在培养罪犯爱国主义热情，增强罪犯集体主义精神，使其能够学会处理国家、集体与个人之间的关系，知耻明辱，提高道德素养。在改造期间，通过道德教育引导罪犯学会用道德约束自己的行为，促使其恶劣行为逐渐得到矫治，进而养成良好的道德品质和行为习惯。

3. 劳动教育

劳动教育是检验罪犯认罪服法、积极改造、服从管教的一面镜子，是矫正不良恶习的良方和重要途径，也是罪犯争取改造成绩，获得宽大奖励的主要方式。劳动教育主要是教育罪犯认识劳动的重要意义，树立正确的劳动观。

4. 时事教育

时事中，形势、政策、前途与罪犯切身利益有关，也是罪犯在改造期间最为关心的问题。通过开展时事教育，引导罪犯充分认识国家经济社会发展、社会和谐稳定的大好形势，并及时了解国家形势和党的政策，从而促使其消除思想疑虑，丢掉幻想，增强改造的信心。

5. 专题教育

专题教育是监狱针对罪犯中出现的带有倾向性或普遍性的问题，集中一定时间所进行的特定性教育，旨在帮助罪犯明辨是非、走上正途。专题教育主题鲜明，时间集中，针对性强，是监狱对罪犯经常进行的教育。通常包括普法教育、反脱逃教育、打击牢头狱霸教育、服刑意识教育、监规纪律教育、安全生产教育等。

（二）文化教育

文化教育是对罪犯进行的文化知识教育。其内容的选择，本着有利于教学、有利于罪犯对知识的掌握、有利于罪犯改造的原则进行。

△ 罪犯在参加文化课考试

结合罪犯刑期、年龄、原有文化程度等情况，监狱组织开展扫盲教育、小学教育、初中教育。此外，监狱还将罪犯文化教育纳入监狱所在地教育规划。没有完成国家规定的九年制义务教育，年龄不满 45 周岁，能够坚持正常学习的罪犯，应当接受监狱组织的小学、初中教育，并做到上课认真听讲，按时完成作业，遵守学习纪律，争取取得良好的成绩。一些有条件的监狱，还可以适当开展高中（中专）教育。对于在社会上已经完成九年制义务教育或者年龄在 45 周岁以下的罪犯，监狱鼓励他们参加其他文化学习，如参加高等教育自学考试等。一般情况下，监狱都会为罪犯参加学习和考试提供必要的条件。

（三）职业技术教育

罪犯的职业技术教育是监狱根据罪犯在狱内劳动的岗位技能要求及罪犯刑满释放后的就业需要而开展的一项教育活动，其目的在于提升罪犯的劳动技能。这项教育主要包括岗位技术培训（包括岗前、在岗培训）和职业技能考试。年龄不满50周岁，没有一技之长但能够坚持正常学习的罪犯，都应当参加技术教育；有一技之长的罪犯，可以按照监狱的安排，选择学习其他技能。对罪犯开展职业技术教育，并将职业技能培训纳入国家职业技能培训总体规划，是我国监狱的一大特色。

岗位技术培训主要根据监狱劳动改造罪犯的岗位需要，针对罪犯开展"应知""应会"的培训和必要的安全教育培训。罪犯在参加培训时，要认真学习劳动技能，懂得工艺操作规程和安全生产常识，钻研生产技术，争当劳动能手。职业技术教育

△ 某职教中心教师为北京某监狱罪犯
讲解焊接操作技术

主要是针对罪犯回归社会后的就业需要而开展的实用性较强的教育。当前，社会竞争非常激烈，监狱会充分考虑社会的需求，由监狱自己组织或与社会上的职业培训机构联合办班。罪犯可根据自己的实际情况，选择参加相应的培训学习，经考试考核合格者，可获得国家承认的职业资格等级证书，从而提升其回归社会后的就业竞争力。

随着社会的进步与发展、押犯结构的变化，以及教育改造过程中出现的新情况、新问题，教育改造的主要内容也在不断完善。在新时代的背景下，面对新的征程和新的任务，监狱近年来还增加了心理健康教育、科学改造技术、监区文化建设和社会帮教等内容。

（四）心理健康教育

对罪犯开展心理健康教育，是我国罪犯改造工作的一项重要举措，是监狱教育改造工作迈向科学化、专业化、社会化的重要标志之一。

心理健康教育是监狱系统运用心理科学的知识、方法和技术，在心理评估的基础上，针对罪犯寻求改变的心理，通过心理卫生教育、心理健康教育、心理咨询和心理测试等措施，帮助其调节不良情绪，改变不良的认知方式，改善或消除异常心理，达到完善其人格（个性）的目的。罪犯接受心理健康教育对排解心理压力、学会自我调节和自我矫治心理问题具有积极的作用。罪犯由于社会经历等原因，往往存在扭曲的心理以及某些变态心理或精神障碍，如畸形的需求欲望、易激怒的情绪、意志薄弱、承受挫折能力低等。这些因素往往是引发犯罪的原因，也是影响改造质量的重要因素。因此，罪犯应当自觉接受心理健康教育。如果以前存在的心理健康方面的问题影响了自己的改造，或者在服刑生活中遇到心理方面的问题，要勇于承认这个事实，并及时向心理咨询工作人员反映，主动接受心理健康教育和心理咨询，学会自我调节、自我矫治，解决心理问题。有心理疾病的罪犯还应当积极配合心理医生进行治疗，改变和消除导致犯罪行为的变态心理及不适应社会的人格障碍，从而更好地适应社会生活。

（五）科学改造技术

为了帮助罪犯进行自我改造，在保持传统教育手段的基础上，监狱系统遵循科学原理，积极探索创新，不断加强科学改造技术的研发应用，开发了一批各具特色的改造项目，帮助罪犯科学改造。例如，"内视观想""经史合参""愤怒控制""积极行为养成""正念训练"等，每一个改造项目都依托相应的科学理论，围绕罪犯某个方面的问题进行针对性的矫治，在实践中取得了显著的成效。

（六）监区文化建设

随着社会的不断发展，文化日益被视为推动社会前进的主要动力。文化对人的影响是潜移默化的，它既来自特定的文化环境，也源于人们参加的各种文化活动。在社会生活中，每个人都生活在一定的文化环境中，都在不知不觉中接受文化的影响。监区文化作为文化建设的一种，是整体社会文化构建中不可或缺的一环，也是监狱改造罪犯的手段之一，深刻体现了监狱的改造理念。建设良好的监区文化，能够营造宽松融洽、健康向上的教育改造氛围，对罪犯的影响是举足轻重的。对正在服刑的罪犯来说，主动接受文化雨露的滋润，可以帮助自己告别野蛮和罪恶，汲取智慧和文明的养分。长期接受文化对心灵的洗礼之后，很多罪犯都逐渐培养出了美好的人格特质，形成了积极向上、乐观进取的人生态度。

（七）社会帮教

社会帮教是指社会各部门、单位以及个人，针对特定对象实施的一种帮助教育、感化挽救的社会教育管理活动。这是我国在对社会治安进行综合治理的实践中，人民群众创造的一种依靠社会各方面的力量，对罪犯进行帮助教育的群众性社会教育管理措施。社会帮教的具体措施包括通过法律知识、文化知识和身体锻炼等方面的教育，帮助罪犯树立正确的人生观和价值观；通过家属参与的亲情帮教，增强罪犯的改造动力和回归社会的信心；为罪犯提供相关的法律和政策咨询，帮助他们解决实际问题。

总而言之，监狱作为一所特殊的"学校"，为罪犯提供了丰富、多元的学习机会，值得每位罪犯倍加珍惜。

三、学有所成，提高素质

犯罪是愚昧的一种表现，愚昧又对犯罪具有催化作用，所以犯罪与愚昧可以说是一对孪生兄弟。正在服刑的罪犯想要与过去的犯罪行为彻底决裂、必须以积极的心态接受教育，对自己的思想观念、价值标准等进行改造，摆脱愚昧，学有所成。

（一）端正态度，自觉把刑期当学期

1. 要消除对学习的种种错误认识

监狱内罪犯对接受教育和参加学习的错误认识，归纳起来大致有以下六个方面：

（1）学习目的不明确，态度不端正。这部分罪犯错误地认为学习花费时间，耗费精力，还不一定能取得好效果。有时间还不如多休息，或打扑克等。

（2）参加学习是无奈之举。有的罪犯认为参加学习是没有办法的事情，不去不行，就只好去跟着上课，做做样子，这样学习当然是一无所获。

（3）急功近利，学习效果不佳。有的罪犯参加学习就是为了考个高分，获点奖，有利于减刑、假释或日后"换一碗饭吃"。此类罪犯学习较用心，但因功利思想严重，从而影响了自觉改造思想，影响了学习效果。

（4）学习怕吃苦，有畏难情绪。有些罪犯在学生时代，由于没有养成爱好学习的习惯，入狱后仍然是提起学习颇感头疼，普遍存在畏难和厌学情绪，提不起精神，精力不集中。

（5）对学习没兴趣。有些罪犯认为学习要记、要背，费体力和时间，自己早就过了学习的年龄，并认为每天劳动改造任务又那么重，没有时间精力去学习。

（6）文化知识、技术没什么用。有一些罪犯认为读书学习无用。在监狱只要能劳动，有力气就行，有没有文化知识和技术都一样。即使将来出狱后，靠自己的力气干活也能挣钱糊口。

以上种种错误认识导致罪犯对学习积极性不高，不能正常接受监狱的教育，这对罪犯的改造极为不利。罪犯必须端正态度，调整心态，纠正这些错误的认识和看法，明确学习目的，以饱满的热情，积极自觉地参加各项教育活动，不断提高自己的文化素质和知识水平。

2. 要培养对"三课"学习的兴趣

俗话说：兴趣是最好的老师。作为罪犯首先应该清晰地认识到愚昧无知、不学无术是不少罪犯过去走上歧途的重要原因之一。同时，人总是要回到社会的，要适应社会，就必须具备过硬的生存本领，这些能力靠什么得来呢？答案无疑就是：学习学习再学习。监狱投入大量精力对罪犯进行思想、文化、技术教育，并将其作为一项有效的改造手段，目的就在于帮助罪犯摆脱愚昧，学会生活、学会适应、学会生存。一些罪犯认为："劳动，只要有力气就行，有没有技术都一样。"这种说法是没有道理的。随着改革开放的深入、科学技术的发展和应用，以及劳动用工制度的改革，用人单位对劳动者的素质要求日益提高。即使是种田，想要在有限的土地上生产更多的粮食，没有科学的技术指导也办不到。因此，一个人在社会上没有文化，将寸步难行。特别是在发展社会主义市场经济的今天，知识与人才的竞争日趋激烈，没有一技之长就会就业无路、谋生无门。所以，每一名罪犯要有学习的紧迫感，不断增强学习的自觉性。

（二）明确目标，强化学习的内驱力

一是确立一个可行的学习目标。目标是人们前行的灯塔，目标是人们进步的内驱力。罗曼·罗兰曾经说："一个人活着而没有目标，他就会彷徨、苦闷和不安。而唯有当一个人确实了解他自己所要过的是什么生活和他所要追求的目标到底是什么之后，他才会觉得他的生命充实和有意义。"有了目标，才会有努力的方向，才不会走弯路。新生活是从选定目标和方向开始的，罪犯要摆脱愚昧，首先要确立一个明确的学习目标。作为罪犯，要将学习的目标锁定在"学会生存、学会学习、学会做事、学会做人"的"四会"上来，早日成为自食其力的守法公民。

在改造过程中，要时常警醒自己，是否按照这一目标在学习、在思考、在改造，还要注意不断纠偏，确保自己始终在朝这一目标前行。

二是要制订一个务实的学习计划。有了学习目标，还要制订一个切实可行的学习计划。人总是有惰性的，往往在不经意中忘乎所以。一旦制订了短期、中期、长期的学习计划，就要不断督促、鞭策自己按照计划实施，这样才能确保学习效果。在制订学习计划时，一定要讲究计划的可行性，要切合实际，切忌好高骛远。

三是要养成一个良好的学习习惯。养成良好的学习习惯，对于罪犯的养成教育至关重要，是罪犯实现目标、真正成才的必由之路。罪犯入监以后，一些不良行为在严格约束下，虽有所收敛，但由于习以为常，一时难有大的转变。因此，必须下大决心，花大力气将这些恶劣行为硬"扭"过来。开始接受教育，让罪犯养成良好的学习习惯，是使其"脱胎换骨"的重要途径之一。习惯成自然，有了良好的学习习惯，学习起来就会轻松，就会不断有收获，就会离目标越来越近。

（三）学有所成，不断提高自身素质

一是自觉接受思想教育，加强本质改造。人的一切行为都是受思想支配的，任何犯罪行为的产生都有一定的思想基础。罪犯不认罪的根本原因在于受错误的立场观点支配，对自己的犯罪原因、犯罪危害缺乏深刻的认识。罪犯在服刑期间，其犯罪思想的转变和人生观的重塑，是决定其能否最终改造成为守法公民的基础和关键。因此，罪犯在改造生活中，最重要的是要过好思想本质的改造关，彻底改变犯罪思想。只有重塑自己的世界观、人生观和价值观，才能改变自己错误的认知结构，从而改变自己对法院判决所持有的错误认识和错误态度。重塑世界观、人生观和价值观的重要途径是自觉接受各种转变犯罪思想的教育，铲除唯心主义的世界观、人生观、价值观及方法论，树立唯物主义的世界观、人生观、价值观及方法论。正确认识内因与外因的关系，深挖犯罪内因；正确认识量变与质变的关系，深挖犯罪思想；正确认识必然与偶然的关系，深挖犯罪根源，从而为认罪服法、悔过自新打下坚实的思想基础。

二是主动接受法制教育，增强法制意识。法制教育是罪犯转变思想、矫治恶习、改过自新的强大武器。从某些不认罪言论可以看出，一些罪犯之所以不认罪，是因为他们不懂法或者说知之不深。要知法懂法，就得认真学法，就必须接受法制教育。例如，赵某在某日夜里拿着麻袋到果园去偷苹果，正好与护果员碰面，在逃脱时打伤了护果员，法院以抢劫罪判处他6年有期徒刑。赵某认为自己是盗窃，不是抢劫，多次申诉，被驳回后仍不死心。直到监狱组织学习法律常识，才解开了他思想上的疙瘩。《刑法》第263条对抢劫罪作出了明确规定：以暴力、胁迫或者其他方法抢劫公私财物的，处3年以上10年以下有期徒刑。《刑法》第269条规定：犯盗窃、诈骗、抢夺罪，为窝藏赃物、抗拒抓捕或者毁灭罪证而当场使用暴力或者以暴力相威胁的，依照本法第263条的规定定罪处罚。法院定性准确，量刑适当，判决公正。由此可见，罪犯通过学习法律知识，可以知道什么是犯罪，弄清罪与非罪的界限，增强自己的法制意识。他们应该时时刻刻以法律法规为准绳，来检查自己的表现，约束自己的言行。做到凡事"三思而后行"，从而有助于认罪服判，知罪悔罪。

三是持续接受道德教育，提升道德水准。罪犯犯罪的情节、手段和后果尽管各不相同，然而就违法犯罪的思想基础来说，无不与其道德的缺乏（或沦落）有关。起初，他们的荣辱观、善恶观、是非观等伦理道德观念颠倒错乱，随后道德情感和意志发生偏移，导致人际关系、物我关系、公私关系混乱。例如，罪犯错误地认为"男女关系，人之常情""行贿受贿，双方自愿""诈骗成交，愿者上钩"等。当享乐主义、拜金主义和极端个人主义在罪犯心中恶性膨胀，最终触犯了法律时，这些错误观念便外化为犯罪行为。一般来说，罪犯都是以道德低劣、损人利己开始，以触犯法律、自食恶果告终。因此，通过接受教育，可以提高罪犯的道德水平，使其认清道德沦落的危害，树立正确的金钱观、价值观、荣辱观，自觉提高道德素质，并通过行为规范训练，养成良好的道德习惯，进一步加深对自己所犯罪行的认识。

四是认真接受文化教育，提高文化素质。没有文化知识导致认知水平低下；没有文化知识造成精神空虚；没有文化知识造成无知愚昧。只有通过文化知识的学习，才能填补精神空虚，消除思想愚昧，才能掌握一技之长，才能适应回归社会后竞争激烈的社会生活。近年来，一大批罪犯经过监狱扫盲教育、初等教育和初级中等教育，在获得教育部门颁发的学历证书后，积极参加职业技术和技能教育，成功获取了相应的技术或技能等级证书，有的罪犯甚至积极参加高等教育自学考试，在高墙内圆了自己的"大学梦"。

【延伸阅读】

铁窗内诞生博士　论文答辩会开进北京监狱[1]

2003 年 12 月 9 日一早，来自武汉大学的萧汉明等 5 位哲学系教授一下火车，就直接被接到了北京市监狱。他们此行是专程来参加一个大墙内的罪犯也是博士生的答辩会的。眉目慈祥的萧教授感慨地说："我教了几十年书，在监狱里举行博士生答辩会还真是第一次遇到。"

上午 9 时 30 分答辩会准时开始。这一天的答辩人是已经 46 岁的杨刚（化名），他曾担任某部委副司级秘书职务，被捕前是一家投资有限公司的总经理，2001 年因犯窝藏罪被判处有期徒刑 5 年。被捕前他已经考取了武汉大学的博士生，专门研究中国哲学，主攻"中国传统文化及新儒家哲学"这一课题。在监狱中，他利用一年多的时间，开始继续学习，并撰写了十余万字的论文。2003 年 10 月 10 日，他向监狱提出了举行博士论文答辩的申请，监狱管理层与武汉大学协商后，武汉大学

---

〔1〕 "铁窗内诞生一博士　论文答辩会首次开进北京监狱"，载 http：//news. sina. com. cn/c/2003-12-09/17271298893s. shtml，最后访问日期：2024 年 8 月 18 日。

专门派人前来考察后终于同意，为杨刚在监狱内举行一场特殊的博士论文答辩会。

答辩委员会成员中有 6 位都是博士生导师，除武汉来的几位教授外，还有来自北京师范大学的两位学术权威。武汉大学学位评定委员会办公室的艾路明老师介绍说，今天所请的专家都是国内哲学界的学术权威，委员会没有因为答辩人是罪犯而降低要求或是有所轻视。萧汉明教授手抚着杨刚的论文轻声说："尽管他成了罪犯，但作为一个人他没有自暴自弃，所以我尊重他。人都是会转变的，能在监狱里静下心来读书的人不多，既然不会在监狱里待一辈子，我们为什么不给他一次改过自新的机会呢？"上午 11 时 50 分，答辩委员会经过简短的磋商后，同意杨刚的论文答辩获得通过。

有 30 余名罪犯旁听了今天的博士论文答辩会，尽管论文中深奥的哲学观点他们很难完全领会，但如此神圣的场面使他们不由得肃然起敬。监狱管理层正是希望通过这种方式激励他们求学上进的精神。据介绍，北京市监狱管理局坚持鼓励罪犯参加文化知识的学习，并在全局设有 8 个高自考和 2 个全国英语等级考试的特殊考场，目前已累计有 72 名罪犯获得了高等教育自学考试的毕业证书，2003 年监狱内高自考的及格率比全国平均水平还要高。在答辩会现场的门外，监狱长轻声说："参加高自考的罪犯违纪率明显比其他罪犯低，我们不是在为罪犯搞特殊化，而是希望他们走出监狱时，不仅不再是危害社会的人，而且是对社会有用的人。"

学习一技之长重启新生[1]

"学而时习之，不亦说乎……"随着新学期开始，大墙内也传出了琅琅读书声。在北京市监狱管理局清河分局各监狱中，立足回归、注重

---

[1] 孙莹："学习一技之长重启新生"，载《北京晚报》2024 年 3 月 25 日，第 6 版。

实效的文化教育和职业技能培训，让罪犯的刑期变成学期。从扫盲到高自考，给罪犯补上欠缺的文化知识；实用的职业技术培训，让没有一技之长的罪犯学些技能傍身，为他们回归社会自食其力、重做守法公民打下良好基础。

从扫盲到高自考，文化教育让刑期变学期

坐在窗明几净的教室里，罪犯李某翻开语文课本，跟随着老师讲授，认真地做着笔记。谁能想到，一年前，他还是监狱级的重控罪犯，管教过他的民警没有一个不头疼的。

因结交社会青年，李某初中还没上完就辍学"混社会"，最终因故意伤害罪入狱。进了监狱，他仍是个"刺儿头"，经常与其他罪犯闹矛盾。2018 年进入清河分局清园监狱后，李某 3 次因违反监规纪律受到禁闭处罚。去年，李某被调整到清园监狱第六监区，考虑他没有接受完初中教育，便将他编入初中班学习。

初中班是清河分局罪犯文化教育的组成部分之一，凡是 45 岁以下、没有完成初中教育的罪犯，都会在清园监狱编班入学。这既是《监狱法》赋予监狱的职责要求，也是对罪犯教育改造的基本内容之一。为了保证学习效果，罪犯学习的书籍与社会同步，监狱将每周六设立为教育日组织学习，还专门聘请了老师授课。学期结束后进行考试，不及格还得补考，一点不马虎。

以前上学时逃学翘课，如今不同了，有民警盯着，硬着头皮也得学。因为年岁小，也有点基础，李某学得比别人快些。民警看准这个契机，让李某当班长，一下子激起了他的自信心和自尊心，"要是回答不出老师的提问，成绩差，脸没地儿搁啊！"

李某尤其喜欢学习蕴含传统文化的文言文篇目。"有一次学诸葛亮写的诫子书，老师一句一句讲解，给我留下了特别深的印象。夫君子之行，静以修身，俭以养德。非淡泊无以明志，非宁静无以致远……不仅是学习了一篇课文，更重要的是学到了做人的原则。"李

某说，以前不好好上学，不懂这些道理，走上犯罪的路也是吃了没文化的亏。

慢慢地，初中班的学习促成了良性发展。李某开始做课堂笔记，跟别人分享学习心得，与人相处也沉稳多了，不会再为一些小事斤斤计较发生矛盾。家属也从每次亲情会见中看到了李某身上的变化，特意送来锦旗感谢监狱对李某的挽救。

"我们做过调研，发现学历与罪犯犯罪有很大关系。"清园监狱教育改造科于警官说，文化教育的意义不仅在于让罪犯补上文化知识，更重要的是让他们在学习中，从中国传统文化中汲取养分，知礼明义。

除了清园监狱的初中班，清河分局还在潮白监狱和垦华监狱开设了扫盲班及小学班，形成了从脱盲到完成9年义务教育的传承性教育体系。据统计，清河分局自从2018年开展罪犯文化教育工作以来，已有9名罪犯取得脱盲证书、19名取得小学毕业证书，77名取得初中结业证书。此外，罪犯有更高目标且学有余力的，还可以在狱内参加国家承认的高自考。

从脱盲到高自考，清河分局为罪犯打通了补足文化缺失、把刑期变学期的向上通道。

跟着专业老师学手艺，职业技能培训取证率超98%

"如果觉得面硬，直接用手沾水揉进面里，比直接加水好掌握量……"在清河分局垦华监狱职业技能培训基地的烘焙室里，天津面点师杜老师正在手把手教几名罪犯做开花馒头。

缺乏一技之长，没有稳定工作，是很多罪犯之所以犯罪，甚至出狱后再犯罪的重要原因。为了帮助罪犯自食其力，降低再犯罪率，监狱紧跟社会就业形势，打造设备齐全的培训基地，面向50岁以下、没有一技之长的罪犯开设多种职业培训课程。

以这期主食制作培训为例，40课时学下来，最基础的花卷、大饼、包子等主食，都能掌握。老北京的芝麻烧饼，甚至驴打滚、艾窝窝也会教授。

"我以前只会煮个面条，真没想到，在监狱里竟能跟着面点大师学手艺。"罪犯王某说，如今他已拿到了中式面点和营养配餐两项初级证书。别说蒸包子烙饼，就是张罗一桌家常菜也没问题，今后回到家也能孝敬父母，给他们做顿饭。或许还能靠手艺谋个正经工作，总是条正路。

垦华监狱目前已经开设了多媒体创作、面点、印刷、保洁绿化、家政服务、养老护理、保健按摩等15大类20余个项目。在每年启动培训前，监狱都会调研，以当前社会就业需求缺口为导向，组织罪犯填写问卷调查了解需求，再结合监狱实际环境，最终确定易操作、没有危险性、就业前景好的项目，并与天津市泛亚职业培训学校合作，聘请专业老师进行培训。培训项目实用性强、需求度高，罪犯也积极报名，主动学习，学习效果得到了保障。

陈某就是个最好的例子。服刑期间，他参加了中式烹调师的职业培训。出狱后，他自己创业做卤菜，没用两年就开了3家连锁店，生意越来越好。陈某感念监狱的挽救和帮助，特意回到监狱参加帮教活动，鼓励罪犯认真改造，掌握一技之长，开始新生活。

近3年来，清河分局参加职业技术技能培训的罪犯逐年增加，共计2800余人参加了培训，取得证书率超过98%。为进一步激发罪犯改造动力、成为合格守法公民奠定了良好的回归基础。

思考题

1. 在监狱这所特殊学校里都能学些什么？

2. 如何将"刑期"变成"学期"？

第三节 劳动也是历练

新中国监狱似乎和劳动有着不解之缘，"劳动改造"甚至一度成为中国监狱工作的代名词。1951 年，在第三次全国公安会议的决议上，毛泽东主席在批示中写道：为了改造这些犯人，为了解决监狱的困难，为了不让判处徒刑的犯人坐吃闲饭，必须根据惩办与宽大相结合的原则，并适应全国各项建设的需要，着手制定通盘计划，组织劳动改造工作。在那个时代，劳动者是与不劳而获的剥削者相对立的，尊重劳动者是新时代响亮的口号。针对罪犯的教育改造工作，当时的公安部部长罗瑞卿曾经说："没有劳动这一课，其余的教育都是白费。""劳动改造"被认为是改造各类犯罪分子的有效手段，甚至被学者们认为是"中国监狱制度的实质内容"。1994 年《监狱法》颁布之前，中国监狱工作一直被称为"劳动改造"工作。监狱也称为劳改队，监狱管理机关称劳改局，监狱人民警察是劳改警官，监狱工作是劳改工作。从中足以看出，劳动在改造罪犯工作中所占的举足轻重的地位及其重要价值。随着《监狱法》的出台，"劳改"这个词已经逐步退出历史舞台，但是劳动作为一种改造手段在监狱中仍然扮演着重要角色。把罪犯改造成为自食其力的劳动者和守法公民，这样的监狱工作目标定位仍未过时。"劳动光荣，不劳而获可耻"，这样的价值理念仍然是值得推崇的。

一、劳动是自立的基础

在人类历史上曾经有四大文明古国，分别是：古埃及、古巴比伦、古印度和中国。如果你从地图上观察的话，会发现在这些文明发源地的附近，一定至少会有一条大江或者大河流过。这一现象并不是巧合，而是因为河流附近是天然的农场，而人类文明无一不是建立在以农业为代表的生产劳动这一基础之上的。可以说，劳动是人类生存、发展的前提，也是一个人自立于社会的基础。

从生物进化的历史来看，劳动在从猿到人的转变中起到了关键性的作用。恩格斯在《自然辩证法》一书的"劳动在从猿到人转变过程中的作用"一章中分析了人从古猿进化到

△ 从猿到人的演化示意图

人的全过程。劳动使古猿的前肢发展成人手，劳动促使意识、语言产生，劳动和语言这两个最主要的推动力促使脑髓和感觉器官逐渐发达起来，猿脑变成了人脑。最终，恩格斯得出结论："在某种意义上不得不说，劳动创造了人本身。"从个体的角度来看，一个人通过劳动可以加入到社会实践当中来。生活中的普通人，不管是清贫还是富有，他们都从事着一定的工作，或者说从事着某种劳动。劳动既有体力劳动，也有脑力劳动。前者，如工人、农民、服务人员的劳动；后者，如科学家、研究人员、教师、医生等的劳动。但是，不管这些人的职业是什么，他们实际上都是劳动者，都是通过劳动才与社会上的其他成员发生着种种联系。一个人通过劳动可以获得生活的保障，进而从事更高层次的社会文化或者精神活动，也因此得到自身的满足感、成就感，并获得他人的尊重；相反，一个好吃懒做、不劳而获的人，总会被人鄙视，他们只能算是社会的"寄生虫"。

许多罪犯之所以犯罪入狱，跟他们厌恶劳动，不愿意通过诚实劳动谋生有关。有些人梦想一夜暴富，有些人投机取巧，有些人则不安心本职工作，把黑手伸向国家或他人的财产。这些人说到底是受过去一些不良传统观念的影响，如"劳心者治人，劳力者治于人"，认为劳动尤其是干体力活是没出息的表现。而有些人则是受当前社会上错误价值观的影响，羡慕他人出入豪华酒店、开跑车、住豪宅。但是，他们没有想

过，所谓的"成功人士"当中也有不少是通过艰辛劳动换来的，他们也有过辛苦的过去。俗话说，"吃得苦中苦，方为人上人"，"要想人前显贵，就得背后受罪"。这两句话并不完全正确，因为它们的指导思想是让人抱着"出人头地""光宗耀祖"的功利主义观念行事。但是，这两句话也说明一个道理：不付出，难成功。在生活上也是如此，不想诚实劳动，做事先想到种种困难，一门心思投机取巧，这样的想法正是罪恶的温床。

劳动，正如上面所说，并不仅指体力劳动，脑力劳动也是如此。请看下面一组数据：

达尔文写《物种起源》花了 20 年。

摩尔根写《古代社会》花了 40 年。

歌德写《浮士德》花了 60 年。

马克思写《资本论》花了 40 年。

哥白尼写《天体运行论》花了 36 年。

托尔斯泰写《战争与和平》花了 37 年。

司马迁写《史记》花了 15 年。

左思写《三都赋》花了 10 年。

李时珍写《本草纲目》花了 27 年。

曹雪芹写《红楼梦》花了 10 年。

徐霞客写《徐霞客游记》花了 34 年。

不知道大家看了这组数据有什么想法，以上这些人有社会学家、人文学家、天文学家、地理学家、人类学家、医学家，他们从事的都是脑力劳动。但是，脑力劳动比体力劳动轻松吗？有人评价《红楼梦》"字字看来皆是血，十年辛苦不寻常"，形象地说明了完成这部传世巨著的艰辛。

我国著名画家齐白石年逾 90 岁的时候，每天还要作画 5 幅。他说"不叫一日闲过"，还把这句话写出来，挂在墙上以自勉。宋代大文豪司马光主持编撰《资治通鉴》历时 19 年，为了节约时间，他用圆木做了个枕头，取名"警枕"，意在提醒自己，切莫贪睡。当他枕在这圆木上睡觉时，只要稍一辗转，"警枕"就会翻滚，将他唤醒。然后，司马光就立刻坐起，继续奋笔疾书。2011年8月，第八届茅盾文学奖揭晓，山东作家张炜历经22年创作的450万字的心血之作《你在高原》获得本届61位评委中的58票，以总票数第一获得了该奖项。2011年10月，刘嘉忆（原名刘路）这个名字成为新闻追踪的热点，这个来自中南大学数学科学与计算技术学院的2008级本科生，成功攻克了一个多年未解的国际数学难题——"西塔潘猜想"。刘嘉忆自己说："上初中时，一些同学还在为数学教科书上的习题抓耳挠腮时，我就开始自学数论了。"上大学之后，一下课他就会去图书馆，回来后就会带上一大堆全英文数学书籍，常常捧着看到深夜。为了更好地研究数学，他还专门补习了英文。长期的付出终于在2010年10月的一天获得了回报，他突然想到利用之前用到的一个方法，稍作修改便可以证明"西塔潘猜想"。于是连夜将这一证明写出来，彻底解决了这个国际难题。这些人的成功都不是"天上掉馅饼"，背后的基础都是艰辛的劳动。

有资料介绍，一只蜜蜂要酿出一公斤蜂蜜需要来回飞行30万公里，吸吮1200万个花朵的汁液。每次采集归来，还要把汁液从胃里吐出，由另一只蜜蜂吸到自己胃里。如此吞吞吐吐120次到340次，汁液才能成为蜜汁。但这时的蜂蜜还有大量的水分，不适宜储藏，蜜蜂还要不断地鼓翅扇风，使水分蒸发掉，最后变成浓稠的蜜糖。蜜蜂酿蜜经常被用来比喻人的劳动，真是再恰当不过。当年，陈景润证明"哥德巴赫猜想"，光计算的草纸就装了几麻袋。这样的劳动非常人所能承受。大学者、大科学家诚然都有一定的天赋，但是不付出大量辛苦劳动就能成功的却没有。普通人要想取得一点成绩，一样需要付出辛勤的劳动。故事《最后28个梦想》讲的是一名身患癌症的中年男人，当他得知自己不久于人世之后，毅然放弃了治疗。他与妻子一同到街上摆摊，经过艰辛劳动最终赚钱实现了自己的28个心愿。卖100根牙签只赚1分利，一件衬衫5分利，一双袜子几厘利，一只打火机的利润只有5厘到1分利，积少成多，日积月累，多少财富都是这样点滴积累的，这背后劳动的汗水总是不为人知的。因此，真正的幸福，只能建立在辛勤劳动的基础上，不劳而获的想法是一种投机主义的赌徒心理，是绝不可取的，最终只能把人带入犯罪的泥潭。

二、劳动对改造的意义

劳动对于普通人来说是重要的，对于罪犯来说更加重要。监狱把监管、劳动、教育视为三大改造手段，认为劳动是矫正恶习，养成劳动习惯，学会生产技能，为刑满释放后就业创造条件的必要途径。当前，世界各国监狱都把劳动作为行刑的重要组成部分，认为劳动可以缓解罪犯对监狱生活的厌倦情绪，抑制罪恶行为的发生，是一种维持监狱纪律的工具。我国认为，劳动对于罪犯来说具有四个方面的意义。[1]

第一，通过生产劳动，使罪犯了解社会财富来之不易，可以培养其热爱劳动、习惯劳动的思想，树立"不劳动不得食"的观念，矫正其好逸恶劳、贪图享受等恶习。此外，劳动过程还能增强罪犯的社会责任感，培养他们的遵纪守法精神。

第二，组织罪犯从事适宜的劳动，可以增强体质、保持健康，避免在单纯的监禁中长年无所事事，导致心情压抑、意志消沉、精神颓废，甚至萌生逃跑、自杀和重新犯罪等念头。

第三，通过生产劳动使罪犯尽可能地掌握一种或几种生产技能及知识，可以为刑满释放后的就业谋生创造条件。防止因恶习不改或生活无着落而重新犯罪。

第四，组织罪犯从事与正常社会条件和形式相同或相近的劳动，可以培养罪犯与他人或社会组织的协调和合作精神，使之在回归社会后能够尽快地适应社会环境。

1955 年，第一届联合国预防犯罪和罪犯待遇大会在日内瓦召开，会议通过了《关于监狱劳动的建议总的原则》《囚犯待遇最低限度标准

---

〔1〕 国务院新闻办公室：《中国改造罪犯的状况》，法律出版社 1992 年版，第 8 页。

规则》等文件。其中，关于监狱作业和罪犯劳动规定，"一切受刑人经医生鉴定身心适合者，均应作业"。我国《刑法》第 46 条规定："被判处有期徒刑、无期徒刑的犯罪分子，在监狱或者其他执行场所执行；凡有劳动能力的，都应当参加劳动，接受教育和改造。"《监狱法》对罪犯劳动有多处规定条款，如第 3 条规定："监狱对罪犯实行惩罚和改造相结合、教育和劳动相结合的原则，将罪犯改造成为守法公民。"第 4 条规定，"监狱对罪犯应当依法监管，根据改造罪犯的需要，组织罪犯从事生产劳动"。第 7 条第 2 款规定："罪犯必须严格遵守法律、法规和监规纪律，服从管理，接受教育，参加劳动。"第 69 条规定："有劳动能力的罪犯，必须参加劳动。"可见，罪犯在监狱中参加劳动是法律的特定要求，不是"自愿"，是"必须"，是法定的义务。可以说，劳动是服刑生活必不可少的组成部分。我国的监狱工作宗旨是把罪犯改造成为守法公民，一个安分守己的守法公民必然是一个依靠劳动自立于社会的人。因此，我国监狱历来重视劳动在改造罪犯中的重要作用。

劳动是一个人自立于社会的必要手段，也是罪犯改造自我的重要途径。在监狱的服刑生活当中，除衣、食、住、行之外，罪犯接触最多的就是监狱组织的生产劳动。那么，监狱里的劳动与社会上的劳动有什么区别呢？

首先，监狱的劳动是一种法定的劳动。也就是说，罪犯参加劳动生产是国家法律的特定要求。正如上面提到的，《刑法》《监狱法》当中都对罪犯在监狱中进行劳动作出了规定和要求。这样看来，在监狱中进行劳动是一种国家意志，并不是一所监狱能决定的事情，也不是哪个监狱民警能说了算的。因此，监狱人民警察在劳动的实施上，不能有任何的随意性，罪犯也因此不能抗拒劳动。

其次，监狱劳动具有强制性。社会上普通公民的劳动一般来说都是自觉、主动的劳动，而在监狱里，管理上会采取一些必要的手段和制度强制不愿意劳动的罪犯参加劳动。这种强制性表现在有劳动能力的罪犯必须参加劳动，在劳动中必须服从管理、服从分配。抗拒劳动、消极怠工，通过自伤自残、伪病装病等形式逃避劳动，以及破坏劳动秩序的行为，都属于违法行为，都将受到法律的制裁。

马克思曾经说过："体力劳动是防止一切社会病毒的伟大的消毒剂。"意大利法学家菲利把"不劳动者不得食"看成监狱行刑的信条。劳动是改变罪犯思想和行为的有效手段，这是世界各国监狱管理者的共识。我国监狱组织罪犯劳动，其根本的目的在于改变罪犯对劳动的认识，端正劳动态度，消除错误的劳动观念，最终达到矫正恶习，养成诚实劳动的良好习惯的目的。从这个意义上说，劳动只是一种必要的手段，劳动本身并不是目的。

由于受传闻的影响，一些罪犯对监狱的劳动存有戒心，认为强迫劳动是政府在惩罚自己，是监狱民警在"整人"。一些罪犯在社会上游手好闲成性，没有养成劳动习惯；有的人则巧取豪夺，来钱快花钱也快，没有劳动的技能；尤其是一些职务犯，原来担任过领导职务，长期不从事体力劳动，觉得干体力活丢人。这些罪犯在思想认识上迈不过那道"坎儿"，在劳动中就会出现种种问题。例如，有的罪犯在劳动中挑肥拣瘦、拈轻怕重，不服从分配；有的罪犯无病装病、小病大养，借机逃避劳动；有的罪犯耍小聪明，出工不出力，偷懒耍滑；有的罪犯专干面子活，民警在时拼命干，民警不在悠着干；有的把劳动当成交换条件，能加分、获奖就干，没有好处就不干；有的故意浪费原料、损坏工具，粗制滥造，破坏生产。以上种种表现，罪犯自己以为很得意，其实不过是害人害己的愚蠢行为。因为这样做的罪犯，都没有很好地思考一个问题——劳动到底为什么？

劳动到底为什么？其实上文已经简单涉及，但是还没有讲透。在一些罪犯心里，总是认为劳动是给别人干的，给政府干的，自己没有好处。事实上，如果劳动对罪犯的改造没有好处，监狱劳动早就不会被提倡了，单纯的监禁岂不是更加省事。人类千百年的监狱发展史证明，单纯的监禁反倒是不文明的行为。这就是为什么世界各国普遍提倡罪犯劳动的原因。当然，这只是从监狱劳动对国家和社会的意义来说的。那么，劳动对罪犯到底有什么好处呢？这些好处大致可以分成两个方面来说明。

一方面，劳动有助于提高人的身体素质。劳动首先是一种增强体质、保持健康的重要途径。正所谓"流水不腐，户枢不蠹""生命在于运动"，劳动可以使人身体的各个部分都得到锻炼，增进呼吸、促进血液循环，可以增强人的食欲，改善睡眠。研究表明，体力劳动者患高血压、高血脂、冠心病等"富贵病"的比例相对要低，而长期在办公室里工作的人则成为这类疾病光顾的对象。某监狱的罪犯白某，原来是广州一家工业发展集团公司的副总经理，他因受贿43万元被广州市中级人民法院判处有期徒刑3年。入狱一年多之后，他觉得自己身体反而好多了。"在位"时他经常应酬，吃得身体发福，出现了"三高"。到监狱后，这一切症状都消失了。他对来接见的家人说："你看，我手上脸上的老年斑都没有了。"他说，监狱里的生活有规律，通过劳动自己的体能也比以前好了，连上几层楼都不会气喘。

另一方面，劳动可以使人保持愉悦的心情。劳动当中通过与他人的合作，可以增进友谊，使人体会到一种集体归属感，满足了人的社会交往需要。看到通过自己双手创造的劳动成果，更能获得一种喜悦感。过去我们常说，"让劳动的汗水洗刷罪恶的灵魂"，这种说法并非没有道理。另外，用自己创造的劳动价值补偿受害人，也可以获得心理上的安慰。2002年4月，北京市监狱管理局率先在全国实行罪犯劳动报酬制度，当年全局第一季度发放劳动报酬达18万元，获得劳动报酬的罪犯占全部参加劳动罪犯的98%。劳动拿报酬，这对于罪犯来说无疑更具有激励作用。并且，从目前各地的实施情况来看，一般把罪犯的劳动报酬分为赔偿受害人、帮助家庭、满足个人需要、刑满释放储备金等几部分。其中，罪犯用自己的劳动所得赔偿受害人的损失，在修复犯罪人与受害人的关系，增进罪犯的悔罪意识方面都会起到积极作用。

更重要的是，劳动作为一种社会实践，可以改变人的精神世界，使罪犯得到内在的提升。近代著名学者梁启超1922年在东南大学的一次

演讲中提出了"自家田地"这个说法,"自家田地"就是把自己的劳动当成"事业"来经营,这样才能从中得到乐趣。他在演讲中说:

"厌倦是人生第一件罪恶,也是人生第一件苦痛。厌倦是一种想脱离活动的心理现象。换一句话说,就是不愿意劳作……无论何等人,总要靠劳作来维持自己的生命,任凭你怎样的不愿意,劳作到底免不掉。免是免不掉,愿是不愿意,天天皱着眉、哭着脸,去做那不愿做的苦工,岂不是活活地把自己关在第十八层地狱?所以说,厌倦是人生第一件苦痛。

诸君听我这番话,谅来都承认不厌倦是做人的第一要件了。但怎么样才能做到呢?……根本救治法,要从自己劳作中看出快乐——看得像雪一般亮,信得像铁一般坚。那么,自然会酣畅淋漓地劳作去,停一会都受不得,哪里还会厌倦……从劳作中得着快乐,这种快乐,别人要帮也帮不来,要抢也抢不去,我起他一个名叫做'自家田地'。

无论做何种职业的人,都各个有他的自家田地。"

梁启超这段话里面讲的道理,说得简单一点就是劳动本来是苦的,可是如果你能从中找到乐趣,就能"以苦为乐"。这个本来是苦的劳动,就成了你的"自家田地",成为快乐之源。

这就说到了监狱劳动对罪犯的第二个方面的好处,也就是劳动有益于罪犯回归社会。在这方面,劳动首先可以培养罪犯吃苦耐劳的精神,这对于他们回归社会后应对挫折,从简单体力劳动做起很有帮助。老一辈革命家朱德总司令在《回忆我的母亲》一文中写道:

"母亲最大的特点是一生不曾脱离过劳动。母亲生我前一分钟还在灶上煮饭。虽到老年,仍然热爱生产。去年,另一封外甥的家信中说:'外祖母大人因年老关系,今年不比往年健康,但仍不辍劳作,尤喜纺棉。'

我应该感谢母亲,她教给我与困难作斗争的经验。我在家庭中已经饱尝艰苦,这使我在三十多年的军事生活和革命生活中再没感到过困难,没被困难吓倒。母亲又给我一个强健的身体,一个勤劳的习惯,使我从来没感到过劳累。"

朱德总司令的感受很有借鉴意义，一个人如果经历了艰苦生活的磨炼，就可以提高对艰苦生活、挫折、痛苦的耐受性。对于许多轻视劳动、没有劳动习惯的罪犯来说，监狱劳动恰恰提供了这样一种锻炼的机会。监狱生活采取的是一种半军事化管理的方式，旨在培养罪犯的纪律性和服从意识，可以让罪犯在劳动当中培养出一种吃苦耐劳的精神，这种精神对其回归社会之后的发展具有重要意义。

通过以上的介绍，希望大家能认真思考一下，劳动到底对谁有益？罪犯潘某，38 岁，初中文化，原来是个体经营者，因冒充警察抢劫被判处 10 年有期徒刑。潘某在服刑过程中常常对民警和其他罪犯说："我认为这次坐牢对我是一件好事，是一个机会。"他在劳动中经常加班加点，主动打报告给监区民警要求从事最苦、最累的羊毛衫横机操作。有的罪犯说潘某这是"傻干活，干傻活"。潘某还请求监区将监狱发给他的劳动竞赛奖金全部寄给自己 80 岁高龄的祖母，自己则在监狱中勤俭度日。事实证明，潘某并不傻。他能正确面对服刑生活，勇于承担劳动任务，争创佳绩，最终累计减刑 4 年 3 个月，得以提前回归社会。更重要的是，监狱的经历让他养成了热爱劳动的习惯，为他回归之后参与社会劳动打下了坚实的基础。通过这个例子我们能看出，"吃亏就是占便宜"这句话确实有一定的道理，在监狱里多干点看似"吃亏"，事实上却对自己有好处。这不是"傻"的表现，这是真正的"聪明"。

三、积极劳动，早日回归

当前，中国监狱劳动的基本模式属于劳动密集型。该模式的特点是以集体劳动为组织形式，以体力劳动为主要方式，对技术工艺的要求相对较低。这就决定了目前中国大多数监狱主要从事承接劳务加工业务，这样的劳动可以让罪犯在劳动中体会相互配合的协作精神，培养集体劳动习惯。这对罪犯将来回归社会后进入工厂、企业从事集体劳动来说，是一次很好的预演和准备。

积极劳动、踏实肯干的罪犯能通过劳动学到一技之长，提高自身能力和素质，成为未来谋生、致富的有力保障。罪犯当中有的参与电视节目制作；有的参与报刊编辑；有的学习书法、写作；有的参加自学考试；有的在自己的工作岗位上掌握了电气焊工艺、钳工技术以及机床操作技能。某监狱罪犯毛某在劳动改造中取得了三项重要发明，并获得了国家的专利，赢得了社会的广泛赞誉，同时得到依法减刑的奖励。1992年，他的事迹被写入了国务院新闻办公室发布的《中国改造罪犯的状况》白皮书。此外，还有很多罪犯凭借在监狱学习的劳动技能和管理能力，在刑满释放回归社会后，成为企业的生产骨干、工程师、厂长、经理，有的还当上了先进生产者、劳动模范。

也许有的罪犯要问，我们也知道劳动的重要性和好处，但是真正干起来还是打不起精神。到底应当从哪几个方面入手才能更好地适应劳动生活呢？一般来说，主要有四个方面需要注意。

第一，要注意养成劳动习惯。上面已经讲过了如何摆正自己的位置，如何转变劳动观念。这些是养成劳动习惯的要素。而更为重要的是，要培养自己对劳动的兴趣、坚定持之以恒的劳动决心。有一篇短文——"一个后背的衣服总是潮湿的人"，讲的是某监狱一名罪犯许某的故事。许某因强奸罪被判刑 8 年，入狱后他万念俱灰，以为永远也不能得到家人的原谅。经过民警的教育，在妻子来监狱探视之后，许某表示要悔过自新，争取早日回家。从此，他主动承担别人不愿干的事情，如洗厕所、擦地面、倒垃圾，一天到晚忙个不停。他后背的衣服一次次湿透，几乎没有干的时候。许多事情是许某主动去做的，民警并没有对他提出过高要求。他能这样做，靠的就是意志和决心，久而久之，自然形成了劳动习惯。

第二，要遵守劳动纪律。如果说兴趣、习惯主要靠罪犯自己的话，那么劳动纪律就是从外部对罪犯提出的要求。在劳动这个问题上，光靠"自觉""自律"有时候无法收到好的效果，这时候就需要通过劳动纪律来进行约束。一般来说，在入监初期，大部分罪犯在劳动上会出现缺乏劳动改造自觉性和积极性的现象，这时候就需要劳动纪律的外在条件，强制罪犯劳动。进入改造的常规阶段，在劳动纪律和自我约束的共同作用下，罪犯就会习惯成自然，自觉投身劳动改造。遵守劳动纪律还有一层意义，那就是可以保护罪犯的人身安全，预防生产事故的发生。

第三，要完成劳动任务。在生产劳动中，具体的劳动定额和质量标准都是监狱依据改造和生产需要科学制定的，是改造工作的重要组成部分，罪犯在这个问题上没有讨价还价的权利，必须服从监狱的安排。监狱在安排劳动任务时会根据罪犯的性别、年龄、体质、技术等实际情况综合考虑，既能保证每个罪犯都有足够的工作量，又能保证每人可以完成劳动定额。对于真心悔过、改造态度积极、服从管理的罪犯来说，他们通常能够顺利完成分配的劳动任务。而无法完成劳动任务，或者担心无法完成一般来说都是由于抵触情绪或者畏难心理引起的。所以说，完成劳动任务既是检验罪犯劳动态度的标准，也是对其进行考核，进而实施奖惩的主要依据。

第四，要积极主动地钻研劳动技能技巧。劳动有简单和复杂的区别，但是不管是哪一种劳动，都包含一定的技能技巧，劳动者有熟练和不熟练之分。罪犯在劳动当中积极钻研劳动技能，可以逐步培养自己对劳动的兴趣，有利于养成爱劳动的习惯。钻研劳动技能没有别的窍门，关键在于用心与重复练习。"世上无难事，只怕有心人"，只干活不思考，最后就是白干。一边干，一边思考，就能提高效率，掌握技巧。电视连续剧《三国演义》片头曲《滚滚长江东逝水》的主唱杨洪基大家想必都知道，他是我国著名的男中音歌唱家。可是，你知道他原来在总政歌剧团只是个"拉大幕"的吗？但是，"拉大幕"他也认真钻研。他根据音乐的节奏来控制大幕的开启速度。如果音乐是快的、激扬的，他就随着音乐把大幕"唰"一下打开。如果音乐是抒情的、缓慢的，他的大幕就慢慢拉开。领导和演员都觉得他的大幕拉得好。就凭着这股子钻劲，杨洪基坚持自学钢琴、声学、视唱、练耳、意大利语等，最后成为家喻户晓的著名歌唱家。同样，某监狱罪犯张某某入狱前连小学都没毕业，但是他遵守劳动纪律，一心想要掌握机械加工车间的车床操作技巧。有的人讽刺他说："兔子能驾辕，骡马不值钱！土包子也想玩车床，除非再蹲一辈子！"可是张某某有决心，他从脱盲开始，一边自学，一边向老操作工请教。最后，他掌握了高超的技能，连大企业都不敢接的加工任务他都能保质保量完成，最终成了这个领域的"高手"。他因为改造成绩突出，入狱 11 年连续 7 年被评为监狱级改造积极分子，两次被评为省级改造积极分子，6 次记功，5 次专项表扬，连续 5 年被监狱评为"规范标兵"和"文明罪犯"，多次获得减刑，还被监狱聘为助理技师。

马克思曾经说过："任何一个民族，如果停止劳动，不用说一年，就是几个星期，也要灭亡，这是每一个小孩都知道的。"对于个人来说，不劳动就不能自立于社会。"阳光总在风雨后"，什么事情都是先有耕耘，后有收获，你想在服刑生活中有所收获，那就投身到劳动当中去吧！

【延伸阅读】

最后 28 个梦想[1]

江柳

那年春天，他 28 岁的青春陡然跌入生命的严冬：晚期鼻咽癌。医生说，他最多还有两年时光。妻子抱着不到两岁的孩子，哭得死去活来，他的心境也无比悲凉："家里一贫如洗，我走了，妻子和儿子咋过呀？一定要在离世前，为他们做点什么……"怀着沉重的歉疚和对妻子、儿子的至爱，他在病历背面，写下了一堆人生宏愿：

1. 开一家店，至少给儿子挣 10 万元；

2. 解决妻儿以后的生活来源；

---

〔1〕 江柳："最后 28 个梦想"，载《郑州日报》2009 年 7 月 16 日，第 14 版。

3. 陪爱好旅游的妻子游北京，去祖国的东南西北四端看一看；

......

28. 美美地睡一觉，无牵无挂地离开人世。

一项项列下来，竟有 28 个梦想等待着他去实现。连正常人都认为，实现这些梦想并非易事，他却不顾医生、妻子的劝告，停止化疗，开始追逐第一个梦想：开店。

没有大笔钱作启动资金，他就在当地一家饭店前，支起一个摊位，卖家乡的小吃烤豆腐。这是一种小本买卖，每烤一块豆腐赚 5 角。他每晚要烤 400 多块，总是忙到次日凌晨一点多才收摊。过度劳累，使他的身体状况不断恶化，早上醒来，他经常会流一大摊鼻血。

就这样坚持了一个月，欣慰的是，他居然赚了 6000 多元！照此速度，两年内给儿子留下 10 万元不成问题。

不久，他把摊位交给妹妹临时打理，带着妻子去北京游玩。看升旗、游故宫、登长城……他心中对感情、对生命的感悟，也一点点地加深。从北京回来后，他的癌细胞向肺部扩散了。医生主张通过手术切除癌变细胞，但风险较大，可能会加速癌细胞扩散。他坚持做化疗，因为多活一天，他或许就能多实现一个梦想，让妻子的生活多一份安逸。医生摇头叹息说，他这等于在自寻"死路"，却不知道他跳动的心中，燃烧着对妻子与儿子炽热的爱。

在接受化疗的间隙，他马不停蹄地在城区奔走，寻找合适的门面，然后一口气开办了 5 家简单装修的连锁烤豆腐店，每月能创收 3 万多元，完全解决了妻儿以后的生活来源问题。转眼，生命又划过了一个年轮，他的生命清单上，还有 19 个梦想未实现！他拒绝了耗时的化疗，背着一包包中药，带着妻子游历海角天涯。他们体味了西湖的婀娜多姿，见证了泰山的雄伟巍峨，欣赏了中国北极村漠河的神奇极光，领略了辽阔壮美的呼伦贝尔大草原，登上了"世界肺脏"青藏高原，又穿越了"死亡之海"罗布泊，再经云贵高原，到香格里拉、蝴蝶泉……一次次携手双飞。在旅游中，他们虽然一次次遇到危险，但心灵相通，相依相携，让他们一次次摆脱了死神的纠缠。更可喜的是，在妻子的鼓励下，他浑身充满了战胜病魔的勇气与动力。

随着视野的不断开阔，他的商业眼光也得到了提高。他把云南产的千两茶运到家乡，开了一家茶庄，生意竟然十分兴隆。每卖出一斤，他就能赚300多元。终于，医生预言的死亡日期来临了，他也完成了27个梦想。与妻子盘点时他发现，他们的财富已达到100多万元，而且遍游了中国的名山大川！而他，只剩下最后一个愿望：什么都不做，什么都不想，美美地睡去……然而，医生给他检查时，竟发现他的癌细胞完全消失了！他不相信幸运会降临到自己身上，医生解释说，这是他心情开朗，促使免疫力增强创造的奇迹。

这个男人名叫刘飞跃，发病前是广州飞冠电子公司的一名普通电焊工。谁会想到，像他这样的绝症病人，竟会在短短两年内，将普通人20年，甚至穷其一生都难以实现的诸多梦想一一完成，这的确是一个了不起的奇迹！其实，正是因为他心中有爱，才创造了财富与生命的双传奇——爱，就是一株散发着清香的紫罗兰，它在芬芳别人的同时，也美丽了自己！

思考题

1. 如何认识劳动？
2. 劳动对于改造有什么意义？

推荐书目

1.《这样读书就够了》，赵周，中信出版社2017年版。
2.《认知驱动——做成一件对他人很有用的事》，周岭，人民邮电出版社2021年版。

推荐电影

《千古风范苏东坡》（2023年），康健宁执导。

第六篇

勇敢蜕变

　　学会正视，学会放下。生活总是向前的，"人生处处是起点"，无论过去如何，你都有无限的可能和机会重新开始。"上好服刑改造第一课，渡过思想改造第一关，过好监狱生活第一站，迈出走向新生第一步。""学制度、立规矩、正言行、打基础。"新生起步的四个"第一"和"四句话"将为你的服刑生活指点迷津。

【阅读提示】

1. 自我审视与反思，正视并改正错误。
2. 适应服刑改造环境，认识学习重要性，提升自我。
3. 怀揣希望与决心，实现个人成长与蜕变。

第一节　在新的起点"敢于觉醒"

在本书的先行篇章中，大家对服刑改造的环境、政策法规、日常活动，以及认罪悔罪的重要性、心态调整的必要性等，都已经有了初步且全面的了解。接下来，各位即将正式迈入服刑生活的全新阶段。然而，正如俗语所说，"万事开头难"，真正全身心地投入到服刑改造中，绝非易事。往昔自由的日子已成过往，取而代之的是严格的管理和规范；过去独来独往的生活方式已为集体行动所取代；曾经随心所欲的安逸时光也已不复存在，取而代之的是日复一日的学习与辛勤的劳动。这种今昔对比，不禁让人感慨万分。对于许多罪犯而言，无法忘怀过去，无法直面现实，成为他们初期改造道路上的拦路虎。但请记住，服刑改造就像一场马拉松，谁能轻装上阵，谁就能有机会领跑；谁能迅速进入状态，全力冲刺，谁就能抢占先机。然而，总有些人会在初期迷失方向，不知所措，在迷茫中虚度光阴，错失良机。因此，在这个服刑改造的关键时刻，笔者衷心建议大家深刻体会"正视过去"四个字的内涵。不要让犹豫和迷茫成为你前进道路上的绊脚石。相反，请以坚定的信念和积极的态度，迎接服刑改造的新生活。

"正视过去"是一种智慧与勇气的体现，要求大家能够深入内心，坦诚地面对自己曾经犯下的错误，并怀揣着改变的决心去修正它们。然而，有些罪犯在走向新生之路上步履蹒跚，他们内心渴望改变，渴望开启全新的生活篇章，但又为自尊和固执所束缚，始终难以迈出那

关键的一步。他们可能因拉不下脸面、放不下架子，或是难以抛却心中

的那份傲气，而不断为自己寻找各种借口，试图逃避那些难以面对的事实。中国有位著名画家，在其创作的肖像画里，许多成年人的肖像只有一只眼睛露出来。别人问其是何用意，他说："因为我用一只眼睛观察周围的世界，用另一只眼睛审视自己。"仔细思量，这话富有哲理。逃避只能暂时减轻心灵的负担，真正的问题依然存在，未得到解决。一味地逃避责任，只会让人在困境中越陷越深，无法自拔。一个真正成熟的人，应当敢于直面自己的错误，勇于从多个角度审视自己的行为，并用积极的行动去弥补那些曾经的过失。鲁迅说："真正的勇士，敢于直面惨淡的人生，敢于正视淋漓的鲜血。"无论大家过去有着怎样的地位、成就和贡献，一旦穿上了囚服，便成为一名罪犯。此刻，大家需要扮演好这个角色，承担起应有的责任。错误既然是自己犯下的，服刑改造便是无法回避的现实。拒绝承认错误，不过是自欺欺人的徒劳挣扎。只有鼓起勇气，正视过去，才能真正地认清自己，发现自身的不足，并找到改变的方向。在这条新生的道路上，以坚定的步伐，勇敢地迈向未来。

智者固然有深厚的学识和见识，但同样难以避免犯错；身为平凡的普通人，受限于有限的认知，更是无法断言自己已洞察世间万物，无所不知。每个人都会有失误的瞬间，没有人能保证自己永远站在胜利的巅峰，成为不败的胜者。诚然，不论如何努力、如何谨慎，都难免会在某个时刻犯下错误。但请相信，错误不是终点，而是一个崭新的起点。重要的是，大家是否能以坚定的信念和勇敢的精神，去面对和接纳这些错误；是否能以理智和成熟的态度，去审视和反思这些错误；是否能以积极的行动，

文化讲堂

人谁无过？过而能改，善莫大焉。

——（春秋）左丘明

去修正和弥补这些错误。作为罪犯，大家正站在人生的十字路口，面临重新开始的机会。在"特殊园丁"的悉心教诲和引导下，大家深入反思自己的错误，重新审视自己的人生。通过不断地学习，丰富自己的内心世界，挖掘自己的潜能和力量，开始认知并接纳自己的错误，勇敢地

面对自己的过去，这是大家自我救赎的起点。这一步固然充满艰难与挑战，但也凝聚着无尽的决心与力量，是大家重获新生、迎接希望的重要一步。

在正视过去并迈出转变的初始步伐后，接下来的关键步骤是"放下"——那些困扰的思绪、沉重的记忆、顽固的固执与无法释怀的执念。然而，"放下"二字虽轻，实践起来却如同攀登高峰般艰难。李先生曾是一位在职场上春风得意的职业经理人，他凭借出色的能力和不懈的努力，在短时间内从基层员工晋升为部门经理。然而，在一次重大的项目决策中，他因判断失误导致公司遭受了重大损失，最终不得不接受降职和调岗的处罚。李先生无法接受自己的失败，陷入了深深的自责和挫败感之中。为了逃避内心的痛苦，李先生开始选择性地忽略工作中的问题和挑战，甚至开始逃避与同事和上级的交流。他时常回想起自己曾经的辉煌时刻，与现在的处境形成了鲜明对比，这种对比让他更加痛苦和沮丧。

长期的自责、挫败感和逃避现实导致李先生的心理健康受到了严重损害。他开始出现焦虑、抑郁等情绪问题，甚至出现了睡眠障碍和食欲不振等症状。职业发展因此受到了严重阻碍，他失去了晋升的机会，甚至面临被公司解雇的风险。这足以证明，"放下"并非易事。一个人最大的内耗，往往源于对执念的坚守、无法与自己和解。许多罪犯，因为心中的某个执念或念想，不惜一切代价去追寻，最终却迷失了自我，在错误的角色定位中自我束缚。夸父逐日的故事虽然美好，但夸父因为对逐日的执念而不断奔跑，最终因口渴而逝。若他能放下这份执念，或许就能欣赏到沿途的鸟语花香、蓝天白云和璀璨星河。这些美景，或许比单纯的追逐更加值得珍惜。

曾国藩提出的"物来顺应，未来不迎，当时不杂，既过不恋"十六字箴言，至今仍为世人所传颂。这句话传达的核心理念是顺应自然规律，面对现实不逃避，专注于当下不分心，对过去不纠结不留恋。对于某些罪犯而言，他们常常因过去的错误而忧心忡忡，担心这些错误会永久地影响他们的未来。然而，他们或许未能理解，人生是由无数独立的瞬间组成，过去与未来之间并无必然的因果联系。过去无法决定现在，现在也无法预知未来。对于正在服刑改造的人来说，只有眼前的这一刻是真实可感的。因此，全心投入每一个"当下"，才是正确的生活态度。山下英子的畅销书《断舍离》倡导了一种"心灵整理"的哲学。她主张我们丢弃过去的思想包袱，如同整理物品一般，使心灵空间变得更为整洁。她鼓励人们摒弃不需要的物品和念头，为心灵减负。对于罪犯来说，当前的首要任务是积极改造，而非过度忧虑未来。正如那句古话所说："兵来将挡，水来土掩。"大家拥有的时间如此宝贵，岂能将其浪费在无意义的担忧和停滞不前上？一旦想通这一点，就请立刻行动起来。

思考题

1. 如何理解"正视过去"对于服刑改造的重要性？

2. 曾国藩的"物来顺应，未来不迎，当时不杂，既过不恋"这句话对于放下过去、专注当下的启示。

第二节　在新的篇章"善于学习"

服刑改造，本质上是一个持续受教育的过程，整个监狱服刑周期可以分为三个阶段：入监教育阶段、常规教育阶段和出监教育阶段，这三个阶段分别对应着服刑初期、服刑中期以及服刑后期。显然，每名罪犯的改造生活都是从入监教育阶段开始的，这个阶段是服刑初期，是罪犯走向新生的起点。在这个阶段，罪犯需要积极学习新知识、掌握新技能，适应监狱的严格环境，了解并遵守监规纪律，明确角色定位和目标方向。通过这些学习和适应的过程，为接下来的改造生活打下坚实的基础，朝着新生的道路迈进。

荀子，我国战国末期杰出的教育家与思想家，在其传世之作《劝学》中有言："凡山陵之高，非削成而崛起也，必步增而稍上焉。"他强调，任何事物的成长与壮大，皆非一蹴而就的奇迹，而是日积月累、循序渐进的结果。唯有持之以恒地努力与不懈地积累，方能铸就最终的辉煌与成功。对于罪犯而言，新生之路的起点——入监教育，同样需要这样的坚持与毅力。学好入监教育，不仅是对服刑改造生活的适应，更是为未来重塑自我、走向新生奠定坚实的基础。谈及坚持与毅力，这仿佛是许多罪犯在改造之路上面临的一大挑战。在这里，不得不提及那位跳水界的"天才少女"——全红婵。她曾经在采访中说："我不是你们说的天才，都是一遍一遍地练出来。拒绝见好就收，做到自己想成为的那个样子。"在全红婵的练习视频中我们可以看到，她无数次重复同一个动作，不断调整、优化，直至达到完美。这种深入骨髓的坚持与毅力，正是大家所需要学习的。想象一下，在漫长的服刑岁月中，每一名罪犯都像是站在一座陡峭的山峰前，面前是崎岖的道路和无尽的挑战。而那份坚定的执行力，就如同大家手中的登山杖，帮助各位一步步攀登，克服重重困难，最终抵达山顶，迎接新生的曙光。

为了让罪犯更好地融入改造生活，养成自主学习、积极改造的良好习惯，监狱在入监教育阶段精心总结了四个"第一"。这不仅是对罪犯新生的一次全面引导，更是帮助罪犯迈向新生活的关键一步。"上好服刑改造第一课"，引领罪犯明确改造的目标与方向，打好认识、规范与劳动的基础。"渡过思想改造第一关"，通过监狱人民警察深刻的思想教育，帮助罪犯打破旧有的思维桎梏，重塑健康的世界观、人生观、价值观，深刻认识犯罪行为的危害性，真诚做到认罪悔罪。"过好监狱生活第一站"，监狱为罪犯营造一个良好的改造环境，让罪犯在规范、有序的生活中逐渐适应新的角色，形成积极向上的改造心态。"迈出走向新生第一步"，监狱鼓励罪犯勇敢迈出改造的第一步，通过持续的努力和不懈的奋斗，最终实现自我救赎，走向新生。这四个"第一"不仅彰显了入监教育的重要性，更凝聚了监狱对罪犯新生的期待与祝福。期待每一名罪犯都能在这四个"第一"的指引下，坚定信念，走好改造之路。

这四个"第一"没有固定的先后次序，我们不妨先从"过好监狱生活第一站"开始探讨。在监狱体系中有一个特别的部门，过去我们称为入监队，如今则更为规范地称为入监监区，甚至部分省份设立了专门的入监监狱。这些入监监区或监狱，正是罪犯踏入监狱生活的"第一站"。那么，罪犯为何需要这"第一站"呢？简言之，是为了适应全新的监狱环境。每名罪犯来到监狱，都会经历一个从"社会人"到"服刑人"的深刻转变。若是没有入监教育的缓冲阶段，直接分配到各个监狱或监区，罪犯可能会感到极度不适。这不仅会影响改造效果，也会增加监狱人民警察的管理难度。通过在专门的入监教育监区或监狱进行为期两个月的集中教育训练，罪犯能够更快地适应监狱生活。在这段时间里，罪犯不仅要学习监规知识，参与队列训练，还要严格按照《监狱服刑人员行为规范》的要求规范日常行为，以期尽快完成角色转变，不留遗憾地度过这"第一站"。因此，罪犯应当深刻认识入监教育"第一站"的重要性，珍惜这段时间，努力学习，积极配合。

当一个人面临被判刑入狱的残酷现实时，内心世界往往会陷入一片混沌与不安。这种突如其来的打击，无疑会伴随一系列不愉快的情感体验，深深地烙印在心灵深处。有的人会觉得自己被社会、被法律、被亲人抛弃，不知道刑满释放后该如何面对自己的亲朋好友，他们对监狱人民警察产生深深的怀疑和不信任；有的人会陷入对未来无尽的焦虑之中，担忧自己的前程是否还有重来的机会；有的人则是对即将到来的改造生活感到迷茫和恐惧，不知道自己是否能够适应监狱的生活环境和规则；还有的人因为刑期较长，内心的希望之火逐渐熄灭，对自我改造的信心也随之消磨殆尽。这些沉重的思想包袱，如果得不到及时的排解和释放，就会像沉重的枷锁一样，束缚大家前行的脚步，影响大家今后在改造道路上的每一步。因此，要想真正地"迈出走向新生第一步"，罪犯必须勇敢地面对自己的内心，向民警敞开心扉，坦诚地表达自己的困惑、疑虑和不安。通过与民警主动交流，逐渐放下心中的防备和抵触，开始尝试去理解和接受自己的处境。同时，也可以从民警那里获得宝贵的建议和帮助，为自己的改造之路指明方向。但更重要的是，罪犯首先需要以积极的行动和态度去努力改变自己。只有这样，他们才能更好地求助于他人，获得更多的支持和帮助。在这个过程中，罪犯需要保持坚定的信念和决心，相信自己有能力走出困境，重新回归社会。同时，也需要学会保持冷静和理智，不断调整自己的心态和情绪，以更加积极和乐观的态度面对未来的服刑改造生活。

如果你能够勇敢地放下内心的负担和包袱，那么你将能够更轻松地踏上自我改造的旅程。然而，很多人对"改造"的真正含义还存在模糊的认识。改造不仅是行为的调整，更重要的是思想的转变。有些罪犯可能仅在行为上作出了一些表面的调整，但内心并没有真正接受和认识自己的错误，这样的改造是浮于表面的。还有些罪犯错误地认为，服刑本身就是改造的全部，以为只要刑期一到，改造就自然完成了。更有甚者，仅满足于遵守监规纪律，而忽视了内心真正的认罪悔罪。这些错误的观念是对改造的误解，是阻碍大家真正转变的绊脚石。因此，罪犯应当自觉地将思想改造放在首位，深刻理解改造的核心要义。在入监教育的阶段，认罪悔罪教育是至关重要的任务之一。渡过思想改造第一关，实质就是能够做到认罪悔罪。因为只有通过这一关，罪犯才能真正地认识到自己的错误，从而开始真正地转变。如果这一关无法通过，那么其他任何改造手段都将难以发挥应有的作用。因此，对于尚未通过这一关的罪犯，必须在这方面下更多的功夫。要持续不断地学习，努力提升自己的文化素养，加强思想道德修养，完善自己的世界观、人生观、价值观，并树立正确的荣辱观、是非观。更要主动与民警交流，深挖自己内心的思想根源，彻底清查和反思自己的过去，从而能够真正地迈出改造的第一步，确保改造过程既保质又保量，不留遗憾。

我们常常把入监教育形象地描述为"打基础"的教育，即磨炼"基本功"的关键时刻。服刑改造的整体成效，个人是否能够有所成长与收获，在很大程度上取决于这两个月内基础打得是否扎实，基本功是否训练得当。从这个视角出发，入监教育无疑成为"服刑改造的第一课"。那么，这第一课究竟是在奠定哪些基础呢？它主要涵盖了三个方面：一是认知的基础，需要罪犯通过学习，深刻认识自己所处的环境、明确自身的角色定位以及服刑改造的目标任务。这涉及我们常说的"改造六问"：这是什么地方？你是什么人？你到这里来干什么？你要改什么？你要怎么改？你改得怎么样？当这些认知问题得以解决，基础便打下了坚实的一大半。二是规范的基础，罪犯需要学习并遵守《监狱服刑人员行为规范》以及其他监规纪律，确保自己的行为符合规范，这也是打造良好行为习惯的重要过程。三是劳动的基础，劳动改造是服刑生活中不可或缺的一部分。在入监教育阶段，罪犯需要积极学习相关的劳动知识和安全生产知识，熟练掌握岗位技能，为将来的劳动改造做好准备。当这三个方面的基础都牢固地建立起来后，罪犯在进入常规教育阶段或服刑中期后，便能更加顺利地适应改造生活。反之，如果在入监教育阶段只是草率应付，背负着沉重的思想包袱和未解决的问题进入后续的服刑生活，那将会导致严重的后果。因此，大家必须树立起持续学习的习惯，通过不断学习来全面提升个人的综合素质，以确保能够顺利地适应改造生活，实现自我转变和成长。

思考题

1. 四个"第一"对于服刑改造的启示。
2. 如何做到真正的思想改造？

第三节　在新的救赎"勇于蜕变"

自我救赎之旅，无疑是一条布满荆棘的艰难之路，每一步都充满了挑战与考验。然而，这同样是一条洒满阳光的希望之路，为愿意改过自新的人指引方向。在这条道路上，大家需要以一颗真诚的心深刻地自我反省，审视过去的错误，并为之深深悔恨。更重要的是，要怀揣着希望与决心，积极坚定地弥补自己的过错。

在《国语·鲁语·季文子论妾马》中，季文子以妾和马为喻，阐述了"过而能改者，民之上也"的深刻道理。意思是，那些能够正视自己的错误，并勇于改正的人，是百姓中的楷模，值得尊重与称赞。以张某某为例，他曾任某县社会保险事业管理处副主任兼会计，手握全县企业职工的养老保险金大权。然而，由于一时的贪念和侥幸心理，他挪用了近500万元社保资金用于个人生意。当投资失败，资金无法及时归还时，他陷入了深深的焦虑与悔恨之中。在意识到自己即将面临法律的制裁时，张某某写下了多封忏悔信，向家人、领导和单位表达了自己的愧疚与歉意。他在信中写道："我无脸再活在这个世界，只好以死谢罪。"然而，法律是公正而严明的，不会因为个人的悔恨而有所改变。最终，张某某被抓捕归案。在看守所里，张某某对自己的罪行供认不讳，流下了悔恨的泪水。他的案例警示大家，犯罪不仅是对法律的践踏，更是对家庭、社会和自己的不负责任。大家应该时刻保持清醒的头脑，坚守道德底线和法律红线。同时，要勇于面对和改正错误。只有这样，才能成为一个对社会有益的人。

　　教育是罪犯重塑灵魂的关键，也是重新点亮生命希望的关键钥匙。罪犯通过系统地学习知识、掌握技能，能够深化自我认知，丰富内心世界，开阔眼界思维。进而能够在反思中领悟，在成长中蜕变，重塑出一个更加健康、积极、向上的灵魂。

　　之前的篇章深入探讨了服刑改造的重要性。在这一过程中，不仅要改造行为，更需重塑思想。然而，思想的转变如同精心培育的花朵，需要时间的浇灌和耐心的等待。入监教育的时间有限，部分罪犯难以在如此短的时间内实现思想的彻底转变。因此，行为规范的塑造，是大家在该阶段努力的重点。对此，监狱提炼了四句至理名言：学制度以知规矩，立规矩以明界限，正言行以树典范，打基础以深思想。这三者——学制度、立规矩、正言行——均聚焦于行为的"规范"之上，而"打基础"则触及了更为深层的思想观念。只有在行为上严格遵循规范，大家才能为思想的深化打下坚实的基础。换言之，当大家的行为举止合乎规范，思想的认识也会随之提升。因为真正的认识往往来源于实践，而实践又往往通过行为来体现。"行胜于言"，没有外在行为的规范，又如何能够谈及内在的思想认识呢？

　　监狱中制度繁多，大家均需要认真学习并严格遵守。在第一阶段的入监教育中，重点学习的是《监狱服刑人员行为规范》和《罪犯一日生活制度》等与大家服刑生活息息相关的监规制度。这些制度

不仅提供了行为指南，也确保了日常改造的有序进行。所谓的"立规矩"，在入监教育的这个特殊阶段，更多地表现为队列训练和内务定置。队列训练，从列队、立正稍息到行进动作，每一步都凝聚着规范与

纪律。而内务定置，则要求大家整齐叠放被褥、有序摆放物品，这些细节能够反映出罪犯的态度和状态。这些看似简单，甚至有些枯燥的训练和管理，实则蕴含着深刻的理论意义。服刑改造，本质上是一个"再社会化"的过程，是大家摒弃旧有的不良习惯，接受新价值观和行为模式的过程。根据社会学中的"再社会化"理论，这个过程包含两个核心要素：剥夺与获得。剥夺，洗去社会上的不良习性；获得，在这里重新学习，形成新的行为习惯和方式。因此，看似烦琐的"立规矩"过程，实际上是各位转变的起点。要求大家在细节中体现纪律，在规范中塑造自我。希望大家能够深刻理解这一点，主动配合监狱人民警察的管理，自觉遵守监规制度，早日将规矩内化于心、外化于行，为自己的改造之路奠定坚实的基础。

规矩如何"立"？训练自然是至关重要的一环，但同样不可忽视的是罪犯在日常言行举止上的自觉约束。训练是外在的塑造过程，而言行自我约束的自觉性则是规矩得以稳固的基石。当规矩从外在的要求逐渐转化为内在的行为准则和行动规范时，我们方能说它真正"立"起来了。"正言行"要求罪犯无论站立、坐下，都需展现出应有的仪态；使用文明用语，体现礼貌与教养。我国古代教育小孩子时，也强调从训练言行举止开始，即所谓"学其事"。在尚未明白深层道理之时，先学会如何行事，待年龄渐长、心智成熟后，再深入学习其背后的意义。如《弟子规》中所言："父母呼，应勿缓；父母命，行勿懒。父母教，须敬听，父母责，须顺承。"这些训诫告诉我们如何去做，如何遵守孝道。随着时间的推移，其中的道理也会自然而然地为我们所领悟。这种教育方式，古人称为"蒙学"，意在启蒙，为后来的深入学习打下了基础。监狱的入监教育同样具有这样的意义。通过学习制度、遵守规矩，罪犯先学会"学其事"，即知道如何去做。通过反复的实践和训练，形成稳固的行为习惯，为后续的改造之路奠定坚实的基础。然而，大家也要认识到，这仅是一个开始，是规矩"立"起来的萌芽阶段。真正的转变需要时间和持续的努力。正如古人所言，"实践出真知"，只有在

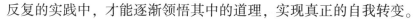

反复的实践中，才能逐渐领悟其中的道理，实现真正的自我转变。

改造之路如同盖楼房，其中不免遭遇反复的震动，这些震动犹如地震对楼房的考验。若基础坚实稳固，即便面对轻微的震颤，也能屹立不倒；反之，若根基薄弱，则容易在冲击中崩溃。作家柳青深刻指出："人生的道路虽然漫长，但紧要处常常只有几步，特别是当人年轻的时候。"对于入监教育阶段而言，它可能只是服刑生涯中的短暂一瞬，但正是这短暂的"几步"，显得尤为关键。它们是新生的起点，是大家重新出发的基石。如何迈出这关键的"几步"，将决定各位接下来的服刑生活走向何方，影响深远。因此，各位朋友，请务必珍视这难得的"几步"，用心去走每一步。

劳动，是一种用实际行动来弥补过去错误的方式，每一滴汗水都见证了努力和改变。劳动改造，在监狱系统中扮演着至关重要的角色。它不仅是一种简单的体力劳动，更是一种全面、深入、系统的改造手段，旨在帮助罪犯实现重塑和自我救赎。通过参与劳动，大家能够学习各种职业技能和生存本领，为将来的生活打下基础。而且，还能培养责任心和团队协作精神，学会尊重劳动、珍惜成果，树立正确的人生观和价值观。同时，劳动改造具有心理矫正的作用。在劳动过程中，大家能够真切感受到自己的价值和意义，增强自信心和自尊心，逐渐消除自卑、焦虑、抑郁等负面情绪，促进心理健康的恢复。此外，劳动改造还能够帮助大家实现再社会化。在监狱中，罪犯被剥夺了自由，与社会脱节。参与劳动，大家能够重新接触社会、了解社会，逐步适应社会的变化和发展。这种再社会化的过程不仅能够帮助大家更好地融入社会，还能减少再次犯罪的可能性。大家应该充分认识劳动改造的重要性，积极进行劳动改造，在劳动中感受到希望和力量，在劳动中重塑自己的人生。

社会支持对于罪犯而言，如同春风化雨般温暖而宝贵。这种支持并非空洞的言辞，而是实实在在的行动，能够给予罪犯无尽的温暖和鼓励，从而使大家在迷途中感受到社会的关怀和接纳。在罪犯心中，社会的支持就像一盏明灯，照亮前行的道路，给予他们希望与勇气。大家或许曾因一时的错误而迷失方向，但社会的温暖与包容证明，各位并没有被抛弃，而是有机会重新融入社会，开始新的生活。这种支持体现在各个方面，从政策层面的倾斜关怀，到社会各界爱心人士和志愿者提供教育辅导、心理咨询等帮助，都为大家的再社会化提供了便利和支持。在社会各界的温暖支持下，大家应当开始重新审视自己的人生，反思过去的错误，并努力改正；学会珍惜机会、感恩社会，用自己的实际行动来回报社会。

服刑改造，这段特殊的旅程，不仅是人生的一个新起点，更是一次心灵的洗礼和蜕变。当大家最终能够实现自我救赎，完成从罪恶到善良的转变时，无疑是一种精神上的巨大胜利。这种胜利，不仅属于自己。在大家背后，还有默默支持、期盼改过的亲人。对于亲人来说，能够看到大家走上正路，重拾人生的希望，是一种莫大的安慰和喜悦。同时，这也是对辛勤付出的民警们最好的回报，他们的努力和耐心终于换来了大家的改过自新。更重要的是，这种个人的转变和救赎，是整个社会文明和进步的微观体现。它证明了人性的可塑性和社会的包容性，展示了人类对于正义和善良的不懈追求。每一个成功救赎的罪犯，都是社会和谐与文明的一枚闪亮勋章。

【延伸阅读】

过而能改　善莫大焉

人谁无过？过而能改，善莫大焉。这句话出自《左传·宣公二年》。它源自一个历史故事，春秋时期，晋国的大臣赵盾辅佐晋襄公，使国家逐渐富裕起来。襄公死后，其子晋灵公即位。晋灵公是历史上有名的昏君。他在位时，不但不理朝政、荒淫奢侈，还为了个人享乐，搜刮民财、乱收赋税。

晋灵公时常站在城楼上，以弹弓射街上来往的行人来取乐。有一次，厨师为他炖熊掌没炖熟，他竟然一怒之下残忍地当场把厨师给杀了。还命两个宫人把尸体装在筐里，抬到宫外去埋葬。

两个宫人抬运尸体时正好被赵盾和士季两位正直的大臣看见。他们了解情况后，非常气愤，决定进宫去劝谏晋灵公。士季先去朝见，晋灵公从他的神色中已猜出他是为自己杀厨师这件事而来的，便假装没有看见他。直到士季往前走了几步，来到屋檐下，晋灵公才瞟了他一眼轻描淡写地说："我已经知道自己所犯的错误了，今后一定改正，您就不要多说了吧？"士季听他这样说，也就用温和的态度道："谁没有过错呢？有了过错能改正，那就最好了。如果您能接受大臣正确的劝谏，就是一个好的国君。"

思考题

1. 如何理解日常的行为规范？

2. "蜕变"要如何开始？

推荐书目

1. 《独自上场》，李娜，北京联合出版公司 2019 年版。

2. 《增广贤文》，周希陶，江苏美术出版社 2015 年版。

3. 《放下内心包袱踏出青春音符》，冯雪编著，现代出版社 2014 年版。

推荐电影

1. 《求求你表扬我》（2004 年），黄建新执导。

2. 《我们诞生在中国》（2016 年），陆川执导。

3. 《热辣滚烫》（2024 年），贾玲执导。

结束语　"等待"和"希望"

　　朋友，如果你认真阅读了本书的先前篇章，相信你已经对监狱服刑生活有了大致了解。合上书本，你在想些什么呢？想"走一步看一步"，想"跟着感觉走"，还是想"随波逐流"呢？你是否想过要改变一下自己？哪怕只是一闪而过的念头。如果真是这样，那么恭喜你，新生活、新生命可能就此向你敞开了大门。其实一生中这样的时刻并不多，如果你产生了"换一种方式生活"或者"改变自己"的念头，一定要抓住它，用笔把它写下来，列出你要改变的东西，并认真去做，你的生活、你的思想观念一定会有所改变。服刑人生是一种特殊人生，如果需要提出一些忠告或者建议，可能下面这些比较重要。

　　排在第一位的，应当是对未来充满希望、充满信心。古人说："哀莫大于心死。"什么意思呢？人的"心"死了，觉得没有奔头了，不再对未来怀有希望和憧憬了，这是最悲哀的事情。人生没有希望，就仿佛航船没有方向和动力，随风飘荡。一个人处于困厄之中，可能产生两种反应：一种是绝望，从此消沉下去；另一种是越挫越勇，从哪里跌倒就从哪里爬起来。汉代史学家司马迁因为替李陵辩护，触怒了汉武帝，受到"宫刑"（割掉生殖器的刑罚）之辱。但是他并未因辱而死，反而忍辱负重，写出了中国第一部纪传体通史《史记》，他本人也因此被尊为"史圣"。他在《报任安书》这封信里写道：

　　"盖文王拘而演《周易》；仲尼厄而作《春秋》；屈原放逐，乃赋《离骚》；左丘失明，厥有《国语》；孙子膑脚，《兵法》修列；不韦迁蜀，世传《吕览》；韩非囚秦，《说难》《孤愤》；《诗》三百篇，大底

圣贤发愤之所为作也。"

这段话的意思是，周文王被囚禁而推演出《周易》；孔子受困而作《春秋》；屈原被放逐，写出《离骚》；左丘明丧失视力，才有了《国语》；孙膑被剜去膝盖骨，《兵法》才撰写出来；吕不韦被贬谪到四川，才有了《吕氏春秋》传世；韩非子被囚禁在秦国，写出《说难》《孤愤》；《诗经》三百篇，大都是一些圣贤为抒发愤懑而写的。司马迁举这些例子都是说人在困境中如何振作奋起的。如果他们内心没有希望和信心，那就不能做出这些创举。在监狱服刑无疑是人生的一大困境，但是"既来之，则安之"以后，还要想想如何面对未来。在《基督山伯爵》这本书中，法国作家大仲马借主人公爱德蒙·邓蒂斯之口说了这样一句富有哲理的话："永远不要忘记，在上帝揭露人的未来以前，人类的一切智慧是包含在这四个字里面的：'等待'和'希望'。"身处困境，也许首先要做的就是铭记并践行这四个字。

我国在监狱工作上有一个提法——让罪犯"在希望中改造"。这句话并不仅仅是一句口号，而是切实贯穿于监狱工作的实践之中。让罪犯"在希望中改造"可以从不同角度来解读。从监狱外部来看，最重要的配套措施就是安置帮教政策，国家通过对刑满释放人员的引导、帮扶来解决其后顾之忧。罪犯刑满回归社会之后，政府部门仍然关心其工作、家庭和生活问题。有的地方还办起了刑释人员技能培训学校，为回归人员提供职业培训场所，帮助其联系工作，使很多人的生活步入了正轨。从监狱内部来看，我国的监狱不是单纯的惩罚场所，还是教育人的学校，也是培养罪犯劳动技能的工厂或者农场。在监狱中，我们开展了各类教育培训活动，目的就是帮助罪犯把刑期变成"学期"，提高其素质，为将来就业做好准备。进入 21 世纪，监狱开始普遍施行劳动报酬制度，并专门从劳动报酬中划出一部分作为刑满释放储备金，以备将来刑释人员暂时无法找到工作时解燃眉之急。监狱方面想尽办法为罪犯就业创造条件，有的地方甚至把就业推介会开到了监狱中，这些做法都旨在帮助罪犯树立信心，让罪犯"在希望中改造"。

当今的时代是一个文明进步的时代，社会公众越来越宽容，企业和单位对刑释人员的歧视正在逐步消除。很多监狱民警为了解决罪犯的家庭生活问题，默默承担了工作职责以外的任务。社会上很多普通群众也牵挂着罪犯，他们靠自己的个人力量为回头浪子提供种种帮助。江西萍乡有一位七十多岁的老人，从 1981 年就开始从事义务帮教工作，至今已有 30 年。他自己一贯节衣缩食，连一张床垫都舍不得买，却总是在节日为罪犯送上奖励金，多年来先后义务帮教近 300 人。但是，外部环境再好，罪犯自己主观上不认同、不努力也不行。在此，我们不妨看一个故事——《海岸就在一英里的地方》。

有个女孩叫弗洛伦丝，是 20 世纪 50 年代世界最著名的游泳女将。1950 年，她成为首位横渡英吉利海峡的女性。为了再创奇迹，她决心从卡德林那岛游向加利福尼亚海滩。在海水里拼搏了 60 多小时后，由于大雾弥漫，她没能看到近在一英里外的海岸。疲倦与信心的丧失使她失去了继续前进的勇气，最终选择登上小艇，遗憾地与成功擦肩而过。她说，如果当时能看到海岸，就一定会有足够的信心和力量游向终点。两个月后，依然是大雾弥漫的天气，依然是在拼搏 60 多个小时后，弗洛伦丝坚定地相信："一英里的地方就是海岸。"这一次，她成功了！一英里的地方就是海岸！很多时候，我们往往会因为看不到成功之巅的绮丽风景，而丧失了继续攀登的勇气，放弃了不断前进的选择，在成败的临界线上，徘徊观望，驻足不前。很多时候，我们也会因偶尔的失落、挫折，甚至一些微不足道的不如意而对昨天的辛苦付出产生怀疑……这个时候，请记住：也许一英里的地方就是海岸！航行在自己的人生之海，不能轻易选择归航，更不应忘记时时提醒自己：成功，是不是就在一英里远的地方？

是呀，海岸就在一英里的地方。人生路上有多少遗憾就是因为我们未能看到那一英里之外的海岸。再坚持一下，你也许就会胜利，就能上岸了。这个故事就是告诉我们一定要对前方充满希望，并带着希望去行动。

希望是人生的航向，但是光有希望并不能改变人生。要想把希望中的图景变成现实,就要付出辛勤的汗水。这是要给出的第二个建议。有句话说得好:"容易走的路都是下坡路。"老辈人讲:"学坏容易,学好难。"罪犯要想在困境中求破解,就要有"凤凰涅槃"的勇气和决心,就要敢于面对困难和失败,做好付出的准备。有人会问,我也想努力,却不知道朝什么方向努力。其实,方向早就有了,只是大多数人都没有意识到。说白了,这个方向就是按照监狱的要求,努力成为守法守规的罪犯。监狱的要求其实更多是站在罪犯的角度为改造人而设计的:认真学习才能弥补知识的不足;积极劳动才能锻炼能力和水平;遵守监规是为了培养守法和规范意识;认罪悔罪则是为了改过自新。如果服刑中完全按照这些标准去做,既有利于监狱管理,又有利于个人的改造和发展。但是有些罪犯就是转不过这个弯,总是从对立的角度看问题,以为监规纪律都是给罪犯"上夹板""戴嚼子","三课"学习是"走过场""搞形式",生产劳动是"卖苦力""白干活",认罪悔罪就更不要提了,那岂不是"孬种""软柿子"?拥有这样的服刑心态和服刑生活,一方面会使自己处在痛苦之中不能自拔,另一方面在消极的心态支配下必然会"混刑度日",一无所成。这是多么可悲的事情!

如果我们看看那些在考核中成绩突出,受到奖励顺利回归的罪犯,他们无一不是严格对照守法守规的标准,付出了巨大努力。在他们中间,有的出狱后考上了研究生;有的成为家乡的致富明星;有的不但自己脱贫,还能为其他刑释人员提供劳动岗位,为社会作出了突出贡献。而更多的刑释人员则继续过着平凡却充实幸福的生活。如果他们在监狱中没有努力改造,没有痛苦地转变,怎么可能有走出监狱之后的幸福?

日本有一个著名的马拉松运动员山田本一,他曾在 1984 年和 1987 年的国际马拉松比赛中两次夺得世界冠军。当有记者问他凭什么取得如此惊人的成绩时,山田本一总是回答:"凭智慧战胜对手!"很多人都知道马拉松比赛的路程是 42.195 公里,这样的距离主要考验运动员的体力和耐力,所以山田本一所说的"智慧"令人不解。多年之后,山田本一在自传中揭开了谜底,他在书中写道:"每次比赛之前,我都要乘车把比赛的路线仔细地看一遍，并把沿途比较醒目的标志画下来：比如第一标志是银行，第二标志是一个古怪的大树，第三标志是一座高楼……这样一直画到赛程的结束。比赛开始后，我就以百米的速度奋力地向第一个目标冲去，到达第一个目标后，我又以同样的速度向第二个目标冲去。40多公里的赛程，被我分解成几个小目标，跑起来就轻松多了。开始我把我的目标定在终点线的旗帜上，结果当我跑到十几公里的时候就疲惫不堪了，因为我被前面那段遥远的路吓倒了。"这个故事对服刑改造的启示在于，把目标定得很远大，如果长时间无法达到目标就会倦怠，就会慢慢失去信心和耐心。其实不如把大的目标分解成小的目标，这个月或者这个星期要在劳动上达到什么标准，在学习上取得哪些进步。积少成多，就会有成功的那一天。《荀子·劝学》中所说的"不积跬步，无以至千里；不积小流，无以成江海"就是这个道理。这算是第三个建议吧。

"千里之行，始于足下。"既然选定了目标，就勇敢地走下去吧！最后，把汪国真的一首诗《热爱生命》送给大家，作为本书的结尾：

我不去想是否能够成功

既然选择了远方

便只顾风雨兼程

我不去想能否赢得爱情

既然钟情于玫瑰

就勇敢地吐露真诚

我不去想身后会不会袭来寒风冷雨

既然目标是地平线

留给世界的只能是背影

我不去想未来是平坦还是泥泞

只要热爱生命

一切，都在意料之中